Ana Pogačnik · Marko Pogačnik · Thomas von Rottenburg

Die Wahrheit aus der Zukunft

Die Botschaft der Bosnischen Pyramiden als Wandlungsimpuls für die Neue Zeit

Ana Pogačnik, Marko Pogačnik, Thomas von Rottenburg
Die Wahrheit aus der Zukunft, Die Botschaft der bosnischen Pyramiden
als Wandlungsimpuls für die Neue Zeit

Erstauflage 2017
2. Auflage 2019

© Ana Pogačnik, Marko Pogačnik, Thomas von Rottenburg
Alle Rechte vorbehalten.

Titelseite:
Foto: Ana Pogačnik

Satz:
Zita Weckenmann

Lektorat:
Farah Lenser

Verlag:
Modra zemlja, Šempas 160D, 5261, Šempas, Slowenien und
Društvo za sožitje človeka, narave in prostora VITAAA, Streliška 12, 1000 Ljubljana, Slowenien

CIP - Kataložni zapis o publikaciji
Narodna in univerzitetna knjižnica, Ljubljana

130.33

POGAČNIK, Ana, 1973 - Die Wahrheit aus der Zukunft : Die Botschaft der bosnischen
Pyramiden als Wandlungsimpuls für die Neue Zeit / Ana Pogačnik, Marko Pogačnik,
Thomas von Rottenburg. - 2. Aufl. - Šempas : Modra zemlja ;
Ljubljana : Društvo za sožitje človeka, narave in prostora VitAAA, 2019

ISBN 978-961-285-635-9
1. Pogačnik, Marko, 1944- 2. Rottenburg, Thomas von
289370624

Inhalt

Vorwort 5

I. Teil
Ana Pogačnik

Die Wahrheit aus der Zukunft 11

II. Teil
Marko Pogačnik

Das Pyramidensystem von Visoko 59
An den Wurzeln von Europa 59
Phänomene von Visiko 83
Die planetarischen Zusammenhänge 120

III. Teil
Thomas von Rottenburg

**Die Wesen der Ätherischen Öle
als Helfer für den Übergang in die NEUE ZEIT** 140
Der Zugang zu den Wesen der Öle 140
Das ätherische Öl der Surinamkirsche 149
Das ätherische Öl der Felsengebirgstanne 161
Das ätherische Öl der Alaskazeder 171

Die Zeichnungen der Botschaften von Visiko und der Ölwesen . . . 181

Danksagung 182
Praktische Hinweise 183
Über die Autoren 184

Vorwort

Wie es zu dem Buch kam

Bei der Begegnung mit diesem einmaligen Ort waren wir alle drei tief berührt von seiner Ausstrahlung, seiner Präsenz und seiner Lichtkraft. Von selbst wären wir wahrscheinlich nicht auf die Idee gekommen, ein Buch über die Botschaft der bosnischen Pyramiden zu schreiben. Zum Glück gab uns Andreas Lenz den Impuls, das zu tun.

Erst haben wir den Gedanken nicht so ernst genommen. Einige Monate später, nach dem wir dort wieder Seminare gegeben hatten und Marko zusammen mit einer Gruppe einen Steinkreis gesetzt hatte, hat uns die Landschaft innerlich erneut gerufen. So entschieden wir uns zusammen ein Buch zu schreiben. Mit unserer Entscheidung kamen uns auch schon gleich der Titel und die Grundidee des Buches. Doch vielfältige Aufgaben in unser aller Leben, hielten uns ab, schon früher die Worte zu finden. Umso glücklicher sind wir jetzt, dass wir es geschafft haben. Das Buch war keine einfache Geburt.

Erst durch das Schreiben wurde uns noch stärker bewusst, was für ein tiefer und wichtiger Ort die bosnischen Pyramiden eigentlich sind. Wir wurden aufs Neue von dieser Landschaft bewegt und berührt. Was für ein Geschenk, dass wir die Möglichkeit bekommen haben, uns so innig mit diesem Ort zu verbinden.

Einführung in das Buch

Wir drei haben sehr unterschiedliche und auf einer anderen Ebene doch sehr ähnliche Wahrnehmungen und Zugänge zu den spirituellen Dimensionen. Dadurch konnten wir das Thema dieses Buches aus drei unterschiedlichen Blickwinkeln beleuchten. Obwohl jeder von uns seinen eigenen Teil für sich geschrieben hat, bauen die drei Texte aufeinander auf, sie unterstützen und ergänzen sich gegenseitig.

Der erste Text wurde als Botschaft von Ana empfangen und geschrieben. Sie hat sich geöffnet und diesem unglaublichen Ort die Möglichkeit gegeben, zu uns Menschen zu sprechen. Dieser Text ist eine Möglichkeit, wie man die Botschaft, die diese Landschaft als Kraft in sich trägt, in Worte übersetzt. Es sind tiefe Worte über den Entwicklungsweg in das Neue. Sie brauchen Zeit, um zu wirken.

Der zweite, von Marko geschriebene Teil, bildet eine Schale, die uns durch viele Einblicke, tiefe Bilder, wichtige Informationen und das geomantische Wissen ganz in die Landschaft von Visoko versetzt. Dazu wird die geistige Rolle dieser Landschaft gezeigt und in ihren größeren Zusammenhang gestellt. Das Tor ist damit offen. Wir sind in uns und in dieser Landschaft angekommen und sind bereit einzutreten.

Im dritten Teil bietet uns Thomas ein konkretes und praktisches Werkzeug, als Begleitung für den Weg in das Neue. Durch die innige Verbindung mit den Wesen der drei ätherischen Öle beschreibt er ihre „Persönlichkeiten" und Wandlungskräfte. Er öffnet uns damit die Augen für die helfenden Hände dieser großen Wesen, die darauf warten uns zu führen, zu begleiten und in diesem Prozess zu halten.

Wir sind mit einer großen Offenheit in dieses Schreiben eingestiegen und wussten gar nicht genau, wohin uns diese Reise führen wird. Hätte uns nicht eine tiefe Neugierde getragen, wären wir auf diesem Weg wahrscheinlich gar nicht weit gekommen. Hätte uns in diesen kreativen Prozess nicht ein so großes Vertrauen in die Wichtigkeit dieser Botschaft getragen, wären wir bei den ersten Problemen, aus der Entwicklung dieses Buches wieder ausgestiegen. Wenn wir nicht unsere Herzen weit geöffnet hätten und gelauscht hätten, dann hätten wir diese Worte nicht finden können.

So ermutigen wir Dich als Leserin und Leser dieses Buches Dich, aus der Neugierde für das Leben zu öffnen und mit dem tiefen Vertrauen des Herzens zuzuhören. Es mag sein, dass der Verstand nicht immer gleich mitkommt, deswegen eile nicht, nimm Dir genug Zeit und lasse es in Dir wirken.

Wir hoffen sehr, dass Dir diese Reise so viel Freude bereitet, wie wir sie beim Entdecken der Offenbarungen der Landschaft der bosnischen Pyramiden und der ätherischen Öle, erlebt haben.

Wir wünschen Dir eine gute Reise,

Ana & Marko & Thomas

Sempas, 11. März 2017

I. Teil

Ana Pogačnik

Die Wahrheit aus der Zukunft

Vorwort

Ich habe diesen Text als Botschaft der Landschaft von Visko emp-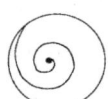
fangen; deshalb empfehle ich, diesen Text nicht einfach nur durch-
zulesen, sondern ihn auf sich wirken zu lassen. Die Worte sind die
Übersetzung eines Textes, der im Ätherischen existiert. Wenn wir
ihn lesen, kommen wir in Resonanz mit diesem ätherischen Urtext
und bekommen von dort intuitiv die Antworten auf mögliche Unklar-
heiten.Da der Text sehr dicht und konzentriert ist, sollten wir uns die
Zeit nehmen, um ihn wirklich Gedanken für Gedanken in uns einsinken
zu lassen. Es geht nicht nur darum, die Worte zu lesen und zu verstehen,
sondern vielmehr darum, dass wir die Kraft der Botschaft mit dem Herzen
und dem ganzen Körper aufnehmen.

Der Text ist in Form von Fragen und Antworten gestaltet.

Die Wahrheit aus der Zukunft

Als Seele bekommen wir die Möglichkeit, bevor wir uns in das Leben inkarnieren, gewisse Meilensteine für unseren Weg durch das Leben zu setzen.
Sei es, dass wir mit einer anderen Seele vereinbaren, dass sie uns mit ihrer
eigenen Präsenz an das erinnert, was wir uns vorgenommen haben, oder sei
es ein Ort, der in uns etwas hervorruft oder eine Geschichte, die wir gerade
im richtigen Moment zu lesen bekommen. Dadurch können wir uns, noch
zur Zeit des ewigen Bewusstseins eine Hilfestellung vorbereiten, um später
wenn wir als Seele auf der Erde inkarniert sind und somit den unbegrenzten
Blick verlieren, an unser wirkliches Sein, an unseren Sinn und unsere Aufgabe
erinnert zu werden.

Ähnlich können wir die Aufgabe des Pyramidenkomplexes von Visoko verstehen.
Auch die Menschheit als Ganzheit hat damals, vor dem endgültigen sich Nieder-
lassen in die Materie, die Möglichkeit bekommen, sich in der Erde – an gewissen
Orten, die dafür bereit waren und die benötigte Kapazität dafür hatten – einen

Samen zu hinterlassen. Einen Samen, der in sich die Informationen, das Wissen, die Weisheit und die Impulse trägt, die für die Entwicklung der Menschheit entscheidend sein werden, wenn die Zeit des großen Umbruchs und der darauf folgenden inneren Umpolung für die neue Zeit kommen wird.

Dieser Samen hat die Aufgabe, die reinste Wahrheit der Menschheit zu bewahren und sie dann zu aktivieren, wenn der entscheidende, kritische Moment in der Entwicklung der Menschheit kommt. Er dient der Erinnerung, wer wir als Menschen wirklich sind und warum wir hier sind. Gleichzeitig ist dieser Samen auch ein Aufruf zum Wachwerden, falls die Entwicklung so verlaufen würde, dass die Menschheit dies nötig hätte.

Die Landschaft um Visoko trägt in sich die Wahrheit, die wir als Menschheit auf der kollektiven Ebene des ewigen Seins schon jetzt in uns tragen, die vor allem jedoch den Kern unseres Bewusstseins für die neue Zeit darstellt. Wir haben uns als Menschheit diesen Samen gesetzt, um im entscheidenden Moment daran erinnert zu werden, wer wir als Menschen der neuen Zeit sein werden – wofür wir uns als Menschheit entschieden haben.

Auf der Seelenebene kennen wir ALLE diese Wahrheit, aber die Frage ist, ob wir uns als inkarnierte Menschen noch an sie erinnern.

Wenn wir uns als Erdenmenschen mit dem Wandlungsgeschehen der Erde verbinden und mit diesem Fluss auch fließen, dann können wir innerlich an dieses Bewusstsein anknüpfen und in den entscheidenden, wie auch in kritischen Momenten dem wahren Impuls des Menschseins folgen. Somit verlieren wir nicht den Faden der Entwicklung.

Was geschieht aber, wenn wir diese natürliche Erdverbindung verlieren, wenn wir das Bewusstsein für das Sein der Erde und dadurch unser eigenes Sein nicht mehr besitzen, wenn wir nicht mehr in der Lage sind, an das wahre Sein des Lebens anzuknüpfen?

Wie sollen wir dann auf persönlichen und kollektiven Ebenen Entscheidungen treffen, die der wahren Natur der Menschheit entsprechen und uns als Menschheit in die Richtung des neuen Menschseins – der Menschheit der Zukunft – führen können?

Ist die Zeit für die Aktivierung des Samens von Visoko schon gekommen?

Als Menschheit sind wir so weit von uns selbst entfernt wie noch nie in unserer Geschichte. Noch nie haben wir so sehr vergessen, wer wir sind, warum wir überhaupt da sind und was unsere Aufgabe ist. Es ist nicht übertrieben zu sagen, dass wir auf unserem Weg der Entwicklung verloren sind.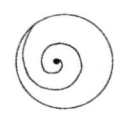

Es gibt sehr starke und zuverlässige Zeichen, dass wir als Zivilisation kurz vor einem Umbruch stehen. Bei dem Entwicklungsverlauf, dessen Zeugen wir zurzeit sind, muss es zu einer einschneidenden Veränderung kommen. Langfristig führt unser jetziger Weg nämlich geradewegs in den sicheren Selbstmord.

Da wir jedoch als Menschheit für die Entwicklung dieses Planeten zu wichtig sind, wird der momentane Unsinn, den wir im Leben veranstalten, gestoppt werden müssen – wenn nicht von innen, dann eben von außen.

Da wir ja schon so weit weg von der Wahrheit sind, sind wir nicht mehr in der Lage zu erkennen, dass wir uns von uns selbst entfremdet haben, dass wir uns auf dem Entwicklungsweg verirrt haben, und schon gar nicht, dass es höchste Zeit ist, unser Leben entscheidend zu verändern.

Das macht den Weg des Aufwachens wahrscheinlich nicht einfacher. Es werden wohl starke Erschütterungen kommen müssen, um das Rigide, das sich um uns und unser Leben herum gebildet hat, aufzubrechen, um uns wieder zu befreien.

Doch anscheinend brauchen wir als Menschheit diese Erfahrung, auf dem Weg in die Selbstzerstörung so weit zu gehen, uns selbst in die Knie zu zwingen, uns fast selbst zu vernichten, um danach wie Phönix aus der Asche neu wieder aufzuerstehen.

Aber sind wir schon am tiefsten Punkt dieses Weges angekommen, oder können wir uns als Menschheit noch mehr verleugnen? Sind wir schon am Wendepunkt angelangt? Sind wir schon tief genug gefallen, dass wir bereit wären, uns in den neuen Dimensionen des Seins aufzurichten?

Man würde sich wünschen, dass wir nicht noch mehr Entwürdigung für uns als Wesen erleben müssen. Doch anscheinend hat die zerstörerische Seite in uns mehr Kraft, als wir uns vorstellen können.

Die Frage ist, ob wir dieses Spiel wirklich zu Ende spielen müssen, oder ob wir auch von außen einen Anstoß bekommen können, der stark genug ist, um uns aus dieser Situation des Zurückfallens zu erwecken. Was müsste geschehen, damit wir erwachen?

Orte wie Visoko mit einer solch einmaligen Aufgabe brauchen Zeit, um sich den entsprechenden geistigen Raum aufzubauen, damit sie aktiv werden können. Sie können nicht von heute auf morgen eine so starke Wirkungsfrequenz erreichen und die benötigte Intensität aufbringen, um ihre Botschaft und Kraft in die Welt zu bringen.

So ist der Samen von Visoko schon eine längere Zeit ausgesprochen aktiv, doch ist die Zeit für den wirklichen Durchbruch noch nicht gekommen.

Wie kann man sich einen Samen in der Landschaft vorstellen und was braucht eine Landschaft als Fundament für eine solche Aufgabe?

Die Botschaft und damit der Same sind natürlich auf den unsichtbaren Ebenen verankert, obwohl sie die Landschaft sowie alle dort tätigen unsichtbaren und sichtbaren Wesen auch auf allen anderen Ebenen durchwirken.

Man kann sich einen solchen Samen wie eine Schatzkiste vorstellen, die in der Landschaft aktiv und konstant ruht und doch gleichzeitig wirkt. Es ist wie ein energetischer Motor, der ununterbrochen sendet, oder wie ein ständiges Brummen und Blubbern. Der Ort und die Wesen müssen die ganze Zeit einerseits diese Energiewolke am Leben erhalten und sie andererseits fortwährend aktiv ins Leben verweben. Es ist ein höchst aktiver Prozess, diese Botschaft konstant aus der zeitlosen Ewigkeit in die jetzige Realität zu übersetzen und zu übertragen. Das gibt dem Ort seine unglaubliche Lebendigkeit.

Eine solche Landschaft schläft nie. Das wirkt wie ein Magnet auf die Menschen, da sie spüren, dass dort etwas Besonderes geschieht. Oft können

Menschen gar nicht sagen, was sie anzieht, aber sie fliegen dorthin wie die Bienen zum Nektar. Und man kann das nur als Glück bezeichnen, weil dadurch der Ort und die Wesen eine noch direktere Möglichkeit bekommen, ihre Botschaft auszustrahlen und den Menschen zu vermitteln.

Man kann diese einmalige Aufgabe spüren, auch wenn man nicht weiß, dass so etwas Besonderes dort verborgen liegt. Um jedoch an die Bedeutung und Kraft dieses Samens wirklich heranzukommen, braucht es unser Bewusstsein. Es reicht nicht zu wissen, dass der Samen dort aktiv ist. Wir müssen innerlich bereit sein, einen Bewusstseinssprung zu vollziehen, sonst sind wir gar nicht in der Lage, die Intensität dieser Botschaft auszuhalten und sie an uns heran zu lassen.

Wir müssen schon einen inneren Schritt tun, um uns in diese Sphäre des Samens und der Botschaft hinauf zu schwingen. Es geht nicht nur um das Zuhören und den Versuch, diese Botschaft zu verstehen, sondern es geht um einen lebendigen inneren Akt, der nur im Austausch und in einer echten Berührung möglich ist. Wir können diese Wahrheit nur dann verstehen, wenn wir innerlich schon auf dem Weg in das Neue sind. Aus der alten Welt heraus kann uns diese Botschaft nicht wirklich erreichen. Wir müssen wagen, zumindest die Nasenspitze schon in das Neue zu stecken. Wenn wir die Botschaft nur von außen betrachten und verstehen wollen, dann wird sie uns nicht berühren können und schon gar nicht überzeugen. Sie ist nur von innen her zu begreifen, zu verstehen und vor allem zu erleben.

Ein Ort, der die Kapazität für solch eine Aufgabe besitzt, benötigt eine ganz besondere Konstellation von Kräften. Es geht dabei zwar um eine Landschaft auf der Erde, aber eigentlich ist es ein kosmischer Ort. Er ist über alle Begrenzungen hinaus eingebettet, vernetzt und getragen.

So ist auch die Landschaft von Visoko etwas unglaublich Besonderes. Die irdische Pyramidenlandschaft ist nur ein schwaches Abbild in der Materie davon, was auf den unsichtbaren Ebenen lebt und geschieht. Das heißt natürlich nicht, dass die Pyramiden selbst nicht stark sind, sondern dass der geistige Rahmen, in dem dieser zeitlose Samen wirkt, kaum zu beschreiben ist.

Als Fundament wirkt die energetische Einprägung einer besonderen kosmischen Konstellation. Man sollte sich das so vorstellen: In dieser Landschaft wurde ein Moment einer besonders starken kosmischen Konstellation aus der Ewigkeit in der Materie „eingefangen". Sie wurde damit in die Materie der Landschaft eingeprägt und verewigt. Es ist vergleichbar mit einem Meteoriteneinschlag auf der Erde, mit dem Unterschied, dass es sich hier nicht um eine physische Einprägung handelt, sondern um einen geistigen Impuls, der die Materie nur als Anker benutzt.

So ist diese planetarische Konstellation heute noch in ihrer ganzen Präsenz aktiv. Und dadurch kann man bis heute die Wirkung der unterschiedlichen Planeten, Sterne und ihrer Vernetzungen untereinander besonders lebendig und kraftvoll spüren. Das Einprägen des Energiefeldes dieser Konstellation in die Landschaft von Visoko hat eine ewige Brücke zur Kraft dieser Konstellation geschaffen.

Entscheidend ist das hohe Bewusstsein, das mit dem Energiefeld dieser planetarischen Konstellation gekoppelt und nun in dieser Landschaft präsent ist. Es ist ein kosmisches Bewusstsein, das für uns Menschen momentan noch fremd wirkt und erst durch die anstehenden planetarischen Veränderungen begreifbar wird.

Es ist wichtig, dass dieses geistige Geschehen nicht mit den klassischen Geschichten von Außerirdischen verwechselt wird. Es geht nämlich um einen Prozess, der sehr wohl auf der Erde als auch durch sie geschieht – oder anders ausgedrückt: Es handelt sich um einen Vorgang, der ohne das Bewusstsein der Erde nicht geschehen könnte. Die Erde, die Landschaft und alle ihre Wesen sind in diesem Prozess entscheidend – kein noch so hoher geistiger oder kosmischer Impuls könnte sich in der Erde einnisten, wäre die Erde nicht entsprechend weit entwickelt.

Welche Funktion haben bei diesem Geschehen die Pyramiden von Visoko?

Die Pyramiden bilden in der Landschaft die physische Struktur, die das unsichtbare Geschehen unterstützt und trägt. Sie sind ein Gefäß für diese Aktivität und helfen mit bei der Übersetzung dieser Impulse in unsere Welt und Realität. Gleichzeitig sind sie auch ein materieller Ausdruck von dem, was in dieser Landschaft lebt.

Die sichtbaren Pyramiden bilden aber nur einen Teil des Pyramiden-Komplexes. Der sichtbare Teil der Pyramiden wächst von unten nach oben. Das Spiegelbild der pyramidalen Strukturen finden wir, nach unten wachsend, unter der Erdoberfläche. Aus dem nach unten offenen Dreieck der Pyramide entsteht mit dem dazu imaginierten Spiegelbild ein abgeschlossener Raum, der die Energie und die ganze geistige Sphäre besser halten kann. Das macht die Pyramiden von Visoko zu einem starken Resonanzkörper, der die Wahrheit des Samens potenziert und ausstrahlt.

Es ist wie ein Musikinstrument, das von alleine nicht spielen kann. Wenn man aber eine Melodie auf diesem Instrument spielt, wird die Melodie plötzlich durch die Töne hörbar – greifbar und damit erreicht sie die Menschen und die Welt. Gleichzeitig wirken die Pyramidenkörper wie Verstärker für die Botschaft, die der Samen bewahrt.

Wie viele Orte gibt es, die solche Samen tragen?

Es gibt Orte wie Visoko, die auf der planetarischen Ebene wirken und es gibt Orte mit einer ähnlichen Struktur und Funktion, die jedoch eher lokal wirken. Ein Beispiel wäre die Landschaft der drei Kaiserberge in der Nähe von Schwäbisch Gmünd.

Dazu muss man jedoch gleich sagen, dass Visoko einer der stärksten Orte mit einer solchen Aufgabe auf der ganzen Erde ist. In dieser Landschaft kommt so vieles zusammen. Die Pyramidenlandschaft von Visoko hat einen Samen, der für die Menschheit als Ganze eine entscheidende Rolle spielt. Der Ort hat schon vieles gegeben, jedoch seine Zeit der wirklichen Offenbarung wird erst kommen. Dieser Samen trägt eine solch klare Kraft in sich, welche die Richtung der Entwicklung der Menschheit verändern könnte, wenn die Menschen sich für die Wahrheit öffnen würden.

Wenn wir verstehen, was für eine Bedeutung der Ort für die Welt hat, können wir die geistige Ursache für den letzten Balkankrieg noch anders verstehen.

Es gibt zwei weitere Orte in Europa, die genauso auf der planetarischen Ebene wie ein Zukunftssamen für die Menschheit wirken. Der eine ist Venedig und der andere liegt an der Nordsee; es gibt solche Orte auch auf anderen Kontinenten. Alles in allem sind es dreizehn Orte auf der Erde, die eine solch weit reichende Funktion als Samen für die Menschheit haben.

Wie können wir uns individuell und als Menschheit für diese Wahrheit aus der Landschaft von Visoko vorbereiten?

Es gibt kein Rezept, keinen Plan und es gibt keine Bedingung, wann wir wirklich bereit sind für die Wahrheit von Visoko. Die einzige Vorbereitung für diese Wahrheit ist unser Leben – unser persönlicher Lebensweg.

Wir können uns nicht jetzt auf die Schnelle in fünf Minuten vorbereiten. Es gibt keine Meditation oder Übung, die den eigenen Kanal sofort öffnet, um schnell vorbereitet zu sein. Es gibt keinen Tipp, wie wir das eigene Energieniveau erhöhen können, um der Intensität dieser Botschaft gewachsen zu werden. Genauso wenig gibt es eine innere Verkleidung, die uns vorgaukeln könnte, wir seien für diese Botschaft besser vorbereitet als wir es in Realität sind. Wir können uns hinter noch so viele innere Mauern stellen, um „sicher" zu sein, doch auch das wird uns wahrscheinlich vor dem kommenden „Tsunami" nicht schützen können.

Die in Visoko verankerte Wahrheit können wir nur mit der eigenen inneren Wahrheit treffen, sie berühren und letztendlich verstehen.

Wir können uns nur entblößt in unsere eigene Wahrheit stellen und uns von der Wahrheit berühren lassen. Dafür jedoch müssen wir die Masken, die Mauern, die Unwahrheiten fallen lassen, sonst werden wir nicht in der Lage sein, dieser reinsten Reinheit zu begegnen.

Es gibt keinen Menschen auf diesem Planeten, von dem wir behaupten könnten, er sei nicht rein, wertvoll oder entwickelt genug, um an dieser Wahrheit teil zu haben. Es ist eine Botschaft von der Menschheit und für die Menschheit. Deswegen ist sie für jeden einzelnen Mensch auf dieser Erde gemeint.

Doch jeder von uns schreibt seine eigene Geschichte, jeder von uns hat sich für einen anderen Weg in diesem Leben entschieden und so ist auch jeder von uns auf eine andere Weise für diese Wahrheit vorbereitet. Jeder von uns wird diese Botschaft anders aufnehmen, anders annehmen, vor allem aber anders verstehen und deuten.

Das ist aber gar nicht so entscheidend. Viel wichtiger ist es, welche Spuren diese Wahrheit in uns hinterlässt und was sie schafft, in unserem Inneren zu verändern – bis in den tiefsten Kern hinein.

Je mehr Menschen innerlich bereit sind, diese Wahrheit wirklich im Herzen zu verstehen und sie damit weiter in die Welt tragen, desto mehr Kraft wird sie bekommen.

Es brauchen sich aber gar nicht alle Menschen für diese neue Bewusstseinsebene zu öffnen, um einen Schritt auch auf der kollektiven Ebene zu schaffen.

Diese Botschaft wirkt wie eine Lawine. Kommt sie einmal ins Rollen, ist sie nicht mehr aufzuhalten. Sie wird immer größer, weil sie immer mehr Menschen mit sich nimmt.

Die Kraft dieser Wahrheit ist so direkt, so rein und klar, dass niemand sie manipulieren oder missbrauchen kann – so ist sie gut beschützt.

Es ist nie zu früh und auch nie zu spät sich zu öffnen und damit den ersten inneren Schritt zu tun. Und wir brauchen wirklich nur diesen ersten Schritt zu tun, von da ab wird die Wahrheit durch ihre Wirkung auf die Menschen den weiteren Weg zeigen.

Sind wir diesem Text folgend bereits an dem Punkt angekommen, an dem wir unsere Herzen für die Botschaft, für die Wahrheit des Samens aus Visoko öffnen können?

JA! Wenn diese Botschaft in Worte übersetzt wird, heißt es, dass wir Menschen an einem entscheidenden Wendepunkt in unserer Entwicklung angekommen sind.

Der Samen ist so vorbereitet, dass er erst dann wirklich aktiviert wird, wenn die Menschheit selbst bereit ist und die Zeitqualität diese Intensität unterstützt.

Beides ist nun eingetroffen und so hat sich das Tor geöffnet.

Wenn nun Worte für diese Wahrheit gefunden wurden, bedeutet das, dass die Menschheit auf ihrem Weg schon einen großen Entwicklungsschritt getan hat.

Gleichzeitig heißt es jedoch auch, dass eine große Entscheidung auf der kollektiven Ebene der Menschheit bevorsteht.

An diesem Wendepunkt, der für die Menschheit durchaus kritisch ist, werden wir Menschen neu entscheiden müssen, ob unsere Existenz in der bisherigen Form weiter gehen kann oder nicht.

Das ist keine einfache Entscheidung, weil die Menschheit den Zugang zu ihrer eigenen wahren Existenz weitgehend verloren hat. Bei dieser Entscheidung geht es nicht um die einfache Frage, ob die Menschheit weiter leben und bestehen möchte, sondern WIE sie in ihrer weiteren Entwicklung leben und bestehen wird. Geht es weiter mit ihrer Entwicklung – ist die Menschheit weit genug für den entscheidenden Schritt?

Zunächst wird eine starke Erschütterung, ein Schock kommen müssen, und es wird für uns Menschen entscheidend sein, ob wir diesen Schock nutzen um aufzuwachen, oder ob wir einfach innerlich aufgeben werden. Werden wir durch diesen Schock innerlich angefeuert, im guten Sinne herausgefordert, oder erleben wir dieses Geschehen als Niederlage, als Angriff, als Unrecht und Enttäuschung.

Die Entwicklung der Menschheit wird nach dieser ersten Phase an einem sehr dünnen Faden hängen, und jeder Mensch, der den Mut und das Vertrauen behält, wird zu einem Rettungsfaden für die Menschheit.

Entscheidend wird sein, ob wir uns trotz des bisherigen kollektiven Entwicklungsweges unsere innere Reinheit und unser Vertrauen ins Leben soweit bewahren konnten, dass die Anbindung an das Göttliche möglich wird. Denn im allgemeinen Chaos brauchen wir eine sehr starke innere Klarheit.

Es ist unmöglich, sich im Voraus ganz konkret auf diese Phase der Erschütterung vorzubereiten. Alles wird ganz anders kommen, als wir es uns jemals vorstellen könnten. Es sollte für uns ALLE eine Überraschung sein, sonst kann dieses innere und äußere „Erdbeben" nicht dem Aufwachen dienen.

Und aufwachen müssen wir ALLE! Wir müssen eine solch starke innere Umpolung erleben, und diese ist nur durch ein endgültiges Aufwachen möglich.

Für diese Phase des Bebens ist es wichtig, die eigene innere Lebensausrichtung zu stärken und sie bewusster zu spüren. Wir sollten alles tun, um unsere innere Reinheit und Klarheit zu fördern, uns darin zu üben, die echte Wahrheit zu erkennen, die eigenen inneren Augen zu trainieren, um die Schönheit sehen zu können. Wir sollten lernen, das Herz vor den Verstand zu stellen. Eine hervorragende Übung dazu ist es, jeden Tag wie den letzten Tag des Weges zu leben, das Wunder des Lebens zu spüren und die Demut für die Leberexistenz zu kennen und zu praktizieren. Jeder Augenblick, in dem wir das Göttliche in uns spüren und pflegen, wird uns als große Stütze dienen. Jeder „Millimeter" der inneren Wahrheit, den wir mit unserer Präsenz authentisch beleben, wird uns in dieser Phase der Erschütterung als „kilometerlange" Erfahrung dienen können.

Die Zeit vor dem Beben ist nicht deshalb so intensiv und verdichtet, um im Äußeren noch mehr zu schaffen und erreichen zu können, sondern vielmehr um die Säulen der inneren Stabilität zu stärken. Jeder Schritt in diese Richtung wird sich als Gnade und Segen erweisen und wird eine noch größere Bedeutung in der späteren Phase des Bebens bekommen. Obwohl das keine direkte Vorbereitung für die kommende Zeit und das kommende Geschehen ist, wird jegliches inneres Streben eine positive Auswirkung in der Zeit des Chaos haben, sowohl auf der persönlichen wie auf der kollektiven Ebene.

Die einzige Möglichkeit, die wir als Übung bekommen werden, wird das Leben selbst sein. Hätte die Menschheit das nicht vergessen, würde der Weg des Umbruchs viel einfacher sein.

Diesen Weg der Menschheit werden nur die inneren Krieger und Sieger gehen und führen können. Jeder Mensch, der sich für den neuen Weg der Menschheit entscheidet, wird die Initiation in den inneren Krieger durchschreiten müssen. Der neue Weg braucht Menschen, die Mut für die Wahrheit haben und wissen, dass sie die Kraft besitzen, die ganze Welt zu verändern.

Wenn der energetische Deckel, der die Menschheit so lange an ihrer Entfaltung gehindert hat, verschwindet, wird das zunächst wie ein Schock wirken. Können wir Menschen noch so viel Kraft und Licht aushalten? Können wir sehen und erkennen, dass wir nicht angegriffen, sondern mit klarer Kraft bestrahlt wurden? Für viele Menschen wird diese Energiezufuhr weitaus schwieriger sein, als ein Erlebnis, bei dem einem Kraft weggenommen wird.

Was können wir tun, um von der puren Kraft, Freiheit und Offenheit nicht überrollt zu werden? Wie können wir innerlich so stabil werden, dass diese bevorstehende enorme Öffnung unser persönliches System nicht zerbrechen wird?

Um dieser Offenheit gewachsen zu sein, ist es enorm hilfreich, das Gefühl der inneren Freiheit schon vorher bewusst zu stärken. Dazu können wir immer wieder bewusst an der Offenheit unseres eigenen Systems arbeiten.

Haben wir uns mit dem Gefühl der Freiheit und Offenheit tief im Inneren nicht genug vertraut gemacht, es gelebt und in uns verankert, dann wird diese plötzliche Öffnung viel Verwirrung in den einzelnen Menschen und auf der kollektiven Ebene verursachen.

Wir können uns dieses Öffnungsgeschehen als einen plötzlichen Tornado vorstellen, der ohne Warnung durch die Gegend rast. Seine Kraft ist so stark, dass er Bäume ausreißt und alles, was ihm in den Weg kommt, durch die Gegend wirbelt. Er kennt keine Gnade.

Es ist so wichtig, dass wir uns bewusst sind, welche extreme Wirkung diese Öffnung haben wird, ansonsten werden wir die Vorbereitung dafür nicht ernst genug nehmen.

Das könnte vielen Menschen sogar das Leben kosten. Wir müssen uns die Öffnung wie eine schutzlose Nacktheit vorstellen, die eine so tiefe Wirkung hat, dass alle Zellen unseres Körpers dieser extremen Veränderung ausgeliefert werden.

Der Körper und alles in uns wird versuchen sich zu schützen, was aber automatisch bedeutet, dass wir uns innerlich verschließen. Wie absurd! Endlich ist eine enorme Öffnung in die innere Freiheit möglich und anstatt das zu genießen, suchen wir nur nach Schutz und verschließen uns so schnell wie möglich wieder.

Genau aus diesem Grund ist die innere Vorbereitung für dieses Geschehen entscheidend. Nur diejenigen werden mit dieser kolossalen Kraft umgehen können, die sich schon jetzt bewusst in die eigene Weite ausdehnen und wachsen.

Neben der inneren Vorbereitung wird es ganz wichtig sein zu verstehen, was eigentlich geschieht. Wer bei einer solch radikalen Öffnung nicht versteht, was eigentlich im Hintergrund vorgeht, wird verloren sein. Das ist in einer Zeit, in der Chaos ohnehin schon in der Welt vorherrscht, gar nicht gut und unterstützend. Wir würden den Veränderungen nicht mehr folgen können.

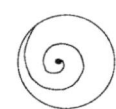

Wir sollten bewusst die Zeit, in der es noch ruhig ist, nutzen, um uns innerlich vorzubereiten. Diese Veränderung wird sehr viel wuchtiger sein, als wir uns das heute vorstellen können.

Das Leben wird nicht mehr das Gleiche sein, und ebenso werden wir Menschen nicht mehr die Gleichen sein. Nichts wird mehr so sein wie vorher. Können wir uns überhaupt vorstellen, was das bedeutet?

Es wird der Anfang der neuen Zeit sein. Das Beben davor ist noch das Ende vom Alten und mit dieser extremen Öffnung wird sich das Neue langsam durchsetzen können.

Das heißt noch nicht, dass wir schon in der neuen Ära gelandet sind. Jedoch wird der Prozess der Wandlung damit entscheidend beschleunigt. Der Umbruch wird offenbar und damit wird die Notwendigkeit einer Entscheidung für uns immer deutlicher werden. Keiner wird sich mehr mit Ausreden entziehen können, wie: „Die Veränderung wird gar nicht stattfinden", oder: „Das Ganze ist nur eine spirituelle Phantasie", oder: „Die Welt und die bisherige Realität werden für immer so bleiben..."

An dieser Stelle des Entwicklungsprozesses werden wir sowohl als individuelle Menschen, wie auch als Menschheit insgesamt herausgefordert, eine klare innere Entscheidung für einen neuen Weg zu treffen.

Es wird kein automatischer Übergang sein, bei dem alle, die in der jetzigen Zeit inkarniert sind, mitkommen können. Nein, es wird eine bewusste Entscheidung für das neue Leben verlangt. Der Einschnitt in die Lebensexistenz und in das Mensch-Sein wird so existentiell sein, dass es niemandem möglich sein wird, ohne ein klares inneres „JA" in das Neue überzugehen. Es ist, als ob wir uns alle für eine neue Inkarnation entscheiden müssten.

Der gesamte Umbruch wird derart einschneidend sein, dass er eine ähnliche Entscheidung fordern wird, wie die Entscheidung einer Seele für die Inkarnation auf der Erde.

Doch werden wir als Menschen in dieser chaotischen, außergewöhnlichen, völlig neuen Situation in der Lage sein, uns zu entscheiden? Werden wir innerlich frei, offen und klar genug sein, um eine solch bedeutsame Entscheidung treffen zu können? Was können wir jetzt tun, solange wir noch vergleichsweise in Ruhe und Stabilität eingebettet sind, um uns darauf vorzubereiten? Wie können wir uns heute innerlich auf diese Entscheidung vorbereiten, obwohl wir noch gar kein wirkliches Gefühl für das Neue haben?

Könnten wir verstehen, was diese Entscheidung für uns Menschen bedeutet, dann könnten wir schon heute anfangen, uns innerlich umzupolen. Wir könnten uns schon so weit ausrichten, dass wir auch durch die extremen Veränderungen nicht völlig aus unserer Grundbahn herausgerissen werden.

Es geht hier um die grundlegende Entscheidung für die weitere Existenz der Menschheit in der bestehenden Form. Anders formuliert können wir sagen, die Menschheit muss bereit sein, einen neuen Weg einzuschlagen, der nicht nur ein wenig anders ist, sondern der bis in die tiefsten Schichten ein ganz neues Fundament haben wird, was nichts anderes heißt, als eine totale Veränderung des Seins.

Wichtig ist, dass wir uns bewusst sind, es besteht auch die Möglichkeit, dass sich die Menschheit gegen diese Veränderung entscheidet. Das hieße aber, dass wir als Menschheit aus dem aktuellen Entwicklungsprozess der Erde aussteigen und die Möglichkeit verlieren, einen Platz in der neuen Realität der Erde zu bekommen. Unweigerlich hätte das für uns eine Entwicklungsstagnation zur Folge.

Es kann auch sein, dass sich die Menschheit an dieser Stelle teilt und sich auf zwei sehr unterschiedlichen Ebenen weiterentwickelt.

Um die notwendige Entscheidungskraft schon heute zu spüren, aufzubauen, zu stärken und zu potenzieren, um sie dann, wenn es so weit ist, aktivieren zu können, ist es grundlegend, dass wir uns als Menschen wieder als Geschenk der göttlichen Gnade sehen.

Das bedeutet, dass wir in der Lage sind, wieder in das Urgefühl des menschlichen Seins einzutauchen. Um das zu lernen, ist es hilfreich, tief in die reine Natur des Menschen zu blicken und neu zu verstehen, welche Rolle wir als Menschen in dem großen Ganzen spielen. Das brauchen wir gar nicht exakt in Worten formulieren zu können. Vielmehr geht es darum, ein Gefühl dafür zu entwickeln, das uns in ein tiefes Bewusstsein unserer reinen menschlichen Natur führen kann.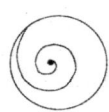

Es geht darum, dieses tiefe Wissen um unsere wahre Natur wieder in unser Bewusstsein zu holen, und zwar so tief und mit solcher Klarheit, dass wir uns bewusst werden, wie wichtig wir Menschen als Wesen für die Erde sind.

Dafür ist es sehr hilfreich, wenn wir mit der geistigen Welt – mit allen geistigen Wesen, die diesen Entwicklungsprozess unterstützen – in Kontakt treten und sie bitten, uns zu helfen, die Menschheit aus ihrem Blickwinkel zu betrachten.

Auch wenn das momentan vielleicht einfach und banal klingen mag, wird genau diese Erkenntnis uns als Menschheit helfen, in eine ganz neue Bewusstseinsrealität einzutreten.

Was ist die neue Bewusstseinsrealität und was bedeutet sie für uns Menschen?

Die Entwicklung der Menschheit ist an einem Punkt angelangt, an dem es darum geht, sich ganz neu in das große Ganze zu stellen. Bislang waren wir von der Erde beschützt und gehalten wie kleine Kinder von der Mutter. Momentan gehen wir durch eine pubertierende Phase mit der Haltung: Wir wissen alles besser, können alles besser; wir sind das einzige Zentrum der Welt und alles sollte sich um uns drehen. Wenn wir erwachsen werden wollen, wobei uns die Umgebung, die Umstände und der Wandlungsprozess helfen werden schneller zu reifen, dann sollten wir auch bereit sein, die Verantwortung für unser Tun, für unser Sein und für unser Leben zu übernehmen.

Dieser Weg des Durchbruchs, der uns Menschen natürlich auch durch Schmerz, Verlust, innere Überforderung, vielleicht sogar bis zur tiefsten inneren Verzweiflung führen wird, wird uns helfen, die Augen wieder ganz neu für die Welt zu öffnen.

Als Menschheit werden wir erwachsen und werden uns damit völlig neu in der Welt positionieren müssen. Wir werden erkennen können, dass die Welt nicht um unser willen besteht, sondern wir um der Welt willen existieren. Wir werden erleben, dass wir ein Mosaikstein im großen Mosaik sind und es wird uns klar werden, wie wichtig es ist, dass wir unsere Rolle als Menschenwesen aktiv einnehmen.

Wir werden noch viel lernen müssen, doch wird es uns nicht an Möglichkeiten mangeln.

Das wird uns in die neue Bewusstseinsrealität führen. Sie ist von einem „Bewusstsein des Miteinander" geprägt. Als Menschheit werden wir endlich unsere wirkliche Rolle erkennen, verstehen und einnehmen können. Bis jetzt waren wir noch gar nicht in der Lage, den Sinn des Menschseins wirklich zu erfassen. Dazu waren wir noch zu sehr im Schoß der Erde eingebettet.

Diese neue Bewusstseinsrealität bedeutet eine völlig neue Position für uns. Es werden sich Dimensionen öffnen, von denen wir momentan noch überhaupt keine Ahnung haben. Das wäre ein echter Quantensprung, sollten wir diesen zulassen. Wir werden aus einer neuen Bewusstseinsebene heraus agieren, die uns momentan noch ganz fremd ist.

Das ist für uns heute noch unvorstellbar, da wir weder über die Mittel noch über die Werkzeuge verfügen. Aber vielleicht ist das auch gut so, weil wir noch nicht reif dafür sind.

Erst müssen wir durchgeknetet und damit weich werden. Wir brauchen einen Reifungsprozess, und er wird uns unerwartet einholen und uns nicht mehr los lassen.

Je mehr wir schon heute zu tiefen Veränderungen bereit sind, je mehr wir schon jetzt lernen, auf unserer tiefsten Ebene loszulassen und mit dem Geschehen mitzugehen, umso weniger niederschmetternd werden wir den Wandlungsprozess erleben müssen, umso leichter werden wir die neuen Konditionen annehmen und uns zu einem neuen Bewusstsein und neuen Dimensionen aufschwingen können.

Als Menschheit sind wir schon so lange in diesem unbewussten „pubertierenden" Zustand, dass der Boden unter unseren Füssen schon gehörig beben müsste, bevor wir es überhaupt merken. Dem Durchbruch in das Neue können wir nicht mehr ausweichen und genauso wenig können wir erwarten, dass er mit sanfter Brise daherkommt. Dafür haben wir uns als Menschheit zu sehr verloren.

In diesem Prozess werden wir als Menschen wieder das Bitten um Gnade lernen. Es wird uns so sehr an die eigenen Grenzen bringen, dass wir oft nur mit höherer Gnade weiterkommen. So werden wir wieder demütiger, weil wir nur aus der Position der Demut um Gnade bitten können.

Das sind keine Drohungen. Jedoch können wir uns nur dann innerlich vorbereiten, wenn wir eine Vorstellung davon haben, wie es gehen könnte. Keiner weiß, wie der Weg sein wird, niemand kann uns sagen, was wir zu erwarten haben oder uns an dieser Stelle konkrete Anweisungen geben, doch können wir ein inneres Gefühl dafür entwickeln, worum es dabei gehen wird. Dieses Gefühl wird uns befähigen, schon jetzt die Schritte zu tun, um innerlich für diese Phase des Durchbruches vorbereitet zu sein.

In diesem tief gehenden Wandlungsprozess wird es ganz sicher Phasen geben, in denen selbst unsere menschliche Existenz immer wieder in Frage gestellt wird.

Das wird uns zu der grundsätzlichen Überlegung führen, wer wir als Menschheit sind, welche Aufgabe wir im großen Ganzen haben und warum wir auf der Erde sind. Da wir in der Zeit des Bebens sehr wahrscheinlich nicht immer das Gefühl für unser Menschsein aufrecht erhalten werden oder es sogar als Teil des Prozesses völlig verlieren werden könnten, ist es wichtig, dass wir uns schon heute in ganz tiefen Schichten unserer Existenz mit diesen Fragen beschäftigen.

An dieser Stelle geht es natürlich nicht um eine intellektuelle Überlegung, sondern um eine Antwort auf der Seelenebene. Wie lebt unsere menschliche Existenz als kosmische Seele in der manifestierten Materie der Erde?

Diese Frage beinhaltet auch schon eine verdichtete Antwort.

Wir kommen aus der Weite des Kosmos und tragen dadurch die Weisheit der unendlichen Ewigkeit in uns. Das Wissen der Sterne ist in unsere Matrix eingeprägt und gibt uns damit die Möglichkeit ein lebendiger Ausdruck des Himmels zu sein. Gleichzeitig sind wir die Umstülpung der reinsten Erde von innen nach außen und sind damit Ausdruck der Erdseele. Wir sind aus der Materie der Erde geschöpft und tragen das tiefe Wissen der Erde in jeder Zelle unseres Körpers.

Gibt es noch andere Wesen, die gleichzeitig so bewusst Wesen beider Welten sind?

Mit jedem Atemzug sind wir die Erde und der Kosmos gleichzeitig. In jedem Augenblick unseres Seins verbinden wir die Erde und den Kosmos. Wir sind die lebendige Verbindung und Vernetzung zwischen den Sternen und der Erde, zwischen der Ewigkeit des Kosmos und dem Erdwesen. Unsere Weisheit, unsere Präsenz, unser Ausdruck sind so wertvoll, weil wir als Menschen ein Bewusstsein besitzen, das jenseits aller Zeiten und Begrenzungen existiert. Wir haben die unglaubliche Gabe, die Weite der Ewigkeit in die manifestierte Materie zu bringen. Wir schaffen es, in jedem Augenblick das brillante Licht des Kosmos in der Erde zu verankern, sie damit zu durchdringen und zu befruchten. Durch unsere Existenz entsteht eine Brücke zwischen Erde und Kosmos, die nur wir Menschen bilden können, weil wir in unserem Sein beides gleichzeitig verkörpern. In unserem inneren Kern sind wir schon die Vereinigung von Erde und Kosmos. Schon beim ersten Augenblick der Inkarnation – beim Akt der Zeugung – werden beide mit solch einer Intensität zusammengebracht, dass sie für immer in uns verschmelzen und eins werden.

Wir Menschen existieren nur, wenn wir diese Brücke zwischen Erde und Kosmos sind, wenn wir beides in einem sind. Die wahre Kunst des Lebens für uns Menschen ist das Spiel der Manifestation, der Verkörperung und der Inkarnation.

Sind wir zurzeit als Menschheit wach und präsent genug, um dieses Bindeglied zwischen Erde und Kosmos darzustellen? Haben wir uns genug innere Weite erhalten, um die feste Materie sprengen können? Haben wir noch die innere Freiheit, die wir benötigen, um die Erde in uns für die kosmische Befruchtung darbieten zu können? Haben wir unsere innere Reinheit so weit erhalten, dass wir den Atem zwischen Erde und Kosmos halten können? Sind wir innerlich noch stark und stabil genug, um diese konstante innere Spannung zwischen Kosmos und Erde innerlich zu begreifen, zu unterstützen oder überhaupt auszuhalten?

Wir sind ein wichtiges Element im System der Erde, weil wir der Dualität schon bei der Zeugung ausgesetzt sind. Leider sind wir momentan mehr der Schattenseite der Dualität ausgesetzt und sehen die Dualität nicht als einen Ausdruck von Gleichgewicht, sondern als Polarität. Die wahre und reine Dualität ist die Natur unser Seins.

Zumeist wird die Dualität als Beginn des Materialismus gesehen, als Einschnitt in unserer menschlichen Entwicklung, als der Verlust unseres Eins-Seins. Doch eigentlich wird die Dualität für uns erst dann schädlich, wenn es zu einer inneren Trennung kommt. Dann übernimmt die Dualität nämlich ihre Schattenseite, weil wir nicht mehr in der Lage sind diese doppelte Natur in uns zu vereinigen. Erst dann beginnt alles auseinander zu fallen.

Wir können unsere dualistische Natur nicht verändern und sollten das auch nicht anstreben, weil diese für uns als menschliche Wesen die zentrale Grundlage ist. Doch sollten wir besser verstehen, was wahre Dualität für uns bedeutet und vor allem, wie es in der menschlichen Entwicklung zu dieser Trennung kam.

Solange wir in unserem Inneren Eins waren, mit unserer wahren Natur im Einklang gelebt haben und die Welt ein Teil unserer inneren Natur war, waren wir eins mit der Natur, der Erde und dem Kosmos. In dem Moment, wo wir die Welt, die Erde und den Kosmos als getrennt von uns wahrgenommen haben, wurde das Gefühl des Einssein zerstört.

Wenn wir den Tag in Verbindung mit der Nacht sehen, wenn wir Licht zusammen mit Dunkelheit erleben, wenn wir gleichzeitig mit schwarz auch weiß im Bewusstsein halten können, dann ist das eine ohne das andere gar nicht vorstellbar. Das eine kann ohne das andere nicht existieren. Können wir aber innen nicht mehr mit außen verbinden, dann haben wir das Eine Sein in kleinere Segmente unterteilt. Folglich sind wir nicht mehr in der Lage, das große Ganze zu sehen und auch nicht mehr fähig, uns selbst als eine Ganzheit zu erleben. So verlieren wir nicht nur die Übersicht, sondern auch das Gefühl für die Ganzheit. Wir sind nicht mehr in der Lage, unsere doppelte Natur zu leben, da wir tief in unserem Wesen uns selbst nicht mehr als Eins empfinden.

Wichtiger, als zu verstehen, wie es auf unserem Entwicklungsweg zu dieser Trennung kommen konnte, ist es jedoch zu begreifen, wie wir wieder dieses Gefühl des Einsseins erreichen können.

Es ist zunächst wichtig, unsere doppelte und dualistische Natur zu erkennen und anzuerkennen. Wir sollten wieder lernen, Polaritäten in uns als verschiedene Seiten einer Medaille zu sehen. Dafür brauchen wir den vereinenden Blick und auch das entsprechende Gefühl, in dem innen und außen nicht von einander getrennt werden.

Es ist eine starke, wenn auch nicht einfache Übung wieder zu lernen, die Welt, sich selbst, die anderen, die Erde, die Landschaft, das Leben von innen zu betrachten. Mit den gleichen Augen und dem gleichen Blick sollten wir lernen die Perspektive des Schauens zu verändern.

Das klingt vielleicht kompliziert, es zu lernen und gleichzeitig zu einfach, um zu glauben, es könnte so einen großen Unterschied in unser Wesen bringen. Das Leben bekommt ein völlig anderes Aussehen, wenn wir lernen, anders zu sehen. Wir erschaffen die Welt und das Leben in jedem Augenblick neu. Verändern wir den Blickwinkel, wird sich auch die Welt für uns verändern. Unsere Vorstellung von unserer Existenz ist eng daran gekoppelt, wie wir die Welt und uns selbst sehen und erleben. Genau davon hängt die Vorstellung ab, wer wir als Wesen sind und warum wir da sind.

Es geht darum, wieder in das Gefühl der Einheit zu kommen, das auf der Basis unserer dualistischen Natur beruht. Um das erleben zu können, sollten wir die falsche Vorstellung über die Dualität ganz loslassen. Der einzige Weg dahin ist, dass wir uns selbst von neuem erforschen und erleben. Anders geht es nicht.

Es ist ein Akt der Balance zwischen innen und außen, zwischen Sichtbarem und Unsichtbarem. Dafür sollten wir wieder an unser ursprüngliches inneres Wissen anknüpfen, das uns in dieses neue Gleichgewicht führen wird.

Verschiedene Welten, Dimensionen und Sphären können dann nicht mehr geteilt und getrennt werden. Sie können nicht mehr entweder im Inneren oder im Äußeren existieren. Sie sollten auch nicht mehr zerstückelt und auseinander genommen werden, weil sie dadurch die Kraft des Einsseins verlieren und damit die wahre Existenz ihren Seins.

Genau das Gleiche gilt auch für uns Menschen! Wir sind eins – eins in uns und eins mit allem.

So groß wie die Erschütterung durch den Bruch bei der Trennung war, so groß wird auch der Schock bei der neuen Vereinigung sein. Die Trennung hat die Welt einstmals durchgeschüttelt; die Vereinigung wird in ihrer Auswirkung noch stärker sein und große Erdbeben im Inneren und Äußeren zur Folge haben.

Wissen wir jedoch, warum dies geschieht, dann können wir gefasst und in Ruhe den Prozess begleiten und unterstützen.

Obwohl es sich hierbei nicht um einen zerstörerischen Akt handelt, wird diese neu geschaffene Verbindung viel Altes und Rigides durchbrechen müssen und dafür wird eine enorme, klare und gezielte Kraft benötigt.

Diese doppelte Natur von uns Menschen ist aber nur der Rahmen für unsere wirkliche Aufgabe. Wir Menschen sind eine geniale Kreatur der Schöpfung.

Wir besitzen einen unglaublichen Denkapparat, wir sind hoch entwickelte geistige Wesen, wir haben die Gabe kreativ mit der Materie umzugehen und wir haben grenzenlose Ideen, das Leben mit immer neuen Erfindungen zu gestalten.

In uns Menschen verbinden sich alle Welten und alle Dimensionen. Alles, was um uns herum ist, ist auch in uns präsent. In uns spiegelt sich die ganze Schöpfung.

Wir sind ein wichtiges Bindeglied im großen Ganzen. Wir haben eine zentrale Rolle im Verlauf der geistigen Entwicklung auf der Erde.

In unserem Kern tragen wir den Schlüssel für die allgemeine Entwicklung.

Wir sind ein wesentlicher Teil des Bewusstseins der Erde. Mit unserem Sein, mit unserer Präsenz auf der Erde verkörpern wir Menschen eine entscheidende Komponente dieser Ganzheit.

Kein anderes Wesen auf der Erde geht durch solch einen bewussten Prozess der Inkarnation, kein anders Wesen auf der Erde braucht eine so lange Zeit, bis es selbständig im Leben steht, kein anderes Wesen auf der Erde ist in der Lage, die Materie so stark zu beeinflussen und zu verändern. Kein anderes Wesen auf der Erde ist beschenkt mit der Möglichkeit, so bewusst mit Emotionen und Gefühlen umzugehen wie wir Menschen. Kein anderes geistiges Wesen hat die Möglichkeit sich in der Materie so tief zu verankern wie wir Menschen. Wir sind ein Wunder der Schöpfung!

Wir sind in unserem ursprünglichen Sein der reine Ausdruck der göttlichen Liebe. Wir sind unglaubliche Wesen, die diese Welt mit erschaffen und mit gestalten. Wir benutzen die Erde nicht nur als einen Planeten, auf dem wir leben, sondern wir erzeugen diesen geistigen Raum mit. In jedem Augenblick sind wir Mitschöpfer der Erde als geistige Materie. Wir beeinflussen diesen spirituellen Raum mit jeder Bewegung unseres Seins.

Wir sind nicht nur kleine unwichtige Parasiten, die diesen Planeten belasten und ausbeuten. Wir sind für die Erde ungeheuer wichtig. Eigentlich fördern wir die Entwicklung unseres gemeinsamen Wachstums, wir haben die Gabe die geistige Realität in Materie „zu übersetzen" und die physische Materie zu vergeistigen. Wir haben die Möglichkeit und das Wissen, die physische Materie so zu verändern, dass die geistige Dimensionen sie durch und durch beleben können. Wir Menschen haben den Schlüssel dazu – wir sind der Schlüssel!

Keine anderen Wesen außer uns können all das vollziehen. Wir sind in diesem Prozess unersetzlich. Die Entwicklung des ganzen Planeten hängt sehr stark von unserem eigenen Wachstum ab. Wir haben die notwendige Kapazität und das Potential, um den Entwicklungsprozess anzuführen. Wir haben die Gabe und auch die Aufgabe, die geistige Realität so greifbar und präsent zu machen, dass sie einen materiellen Ausdruck bekommt und damit zur Realität wird.

Mit unserem Bewusstsein sind wir die Erde und der Kosmos, dadurch besitzen wir das geistige Bewusstsein der Erde und des Kosmos. Kann man sich noch mehr als das vorstellen?

Wir sind ein lebendiges Wunder der Schöpfung.

Indem wir die Dualität der Erde und des Kosmos in uns verankern, haben wir das benötigte Werkzeug dafür. Mit dem geistigen Bewusstsein, das uns geschenkt wurde, besitzen wir Weisheit. Und in unserer Natur haben wir den inneren Drang nach Entwicklung und Wachstum, die wir mit unserem Willen, wie mit einem Funken, durch unsere Kreativität anzünden können.

Wir haben also alles in uns, was wir benötigen. Wir sind auf allen Ebenen mit dem Wissen, der Weisheit, tausendjähriger Erfahrung und grenzloser Kreativität beschenkt und vorbereitet. Das einzige, was uns fehlt, ist das Bewusstsein darüber. Wir sind uns unserer Aufgabe nicht mehr bewusst! Aber es ist noch nicht zu spät, uns wieder daran zu erinnern.

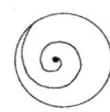

Wir sollten die momentane Lage der Menschheit nicht als falsch ansehen, sie nicht als völlige Verwirrung empfinden und schon gar nicht als Sackgasse bezeichnen – obwohl es oft so aussieht.

Auch dies ist ein wichtiger Teil der Entwicklung. Wir mussten so tief in die Materie greifen, dass wir uns schon fast abhängig von ihr gemacht haben, wir mussten den Abstand zu den geistigen Dimensionen so groß werden lassen, wir mussten uns in diesem Geschehen fast verlieren, um die Härte der Materie selbst zu erleben, sie zu begreifen, zu erforschen. Wir haben die Erfahrung, in der Materie gewissermaßen gefangen zu sein, gebraucht, um uns danach aus der Abhängigkeit von der Materie wirklich befreien zu können.

Wir haben diese Phase, in der wir auch momentan noch sind, gebraucht.

Doch jetzt kommt der entscheidende Moment in der Entwicklung. Die gerade beschriebene Entwicklungsphase war zwar notwendig; sie sollte unserem Lernen dienen, allerdings sollte sie nicht zu unserem bestimmenden und dauerhaften Lebensstil und Lebensalltag werden.

Es wird für uns als Menschheit gefährlich, wenn wir das nicht rechtzeitig erkennen.

Wir kommen zurzeit an einen Punkt unseres Entwicklungsweges, an dem wir weiter gehen müssen. Wir müssen aus dem momentanen Geschehen bewusst aussteigen. Wir können nicht so tief in der Materie gebunden bleiben, wenn wir unsere wirkliche Rolle spielen wollen. In der bindenden Abhängigkeit von der Materie, in der wir momentan stecken, können wir die geistige Komponente nicht mehr genügend in den Wandlungsprozess einbringen.

Wir sind in einer kritischen Lage, weil wir wie besessen immer mehr nach der Materie greifen. Innerlich sind wir nicht mehr frei genug, um einfach aus der momentanen Situation der Gebundenheit an die Materie auszusteigen. Doch das sollten wir und zwar bald, weil es sonst wirklich zu spät sein wird.

So, wie es momentan ist, geht es für unser menschliches Wachstum nicht weiter, weil wir den wahren Sinn unseres Menschseins nicht leben können.

Wir können das mit einem persönlichen Lebensweg vergleichen: Ein Mensch wird ernsthaft krank, wenn er an einen kritischen Punkt seines Entwicklungsweges kommt, an dem eine entscheidende Veränderung stattfinden sollte, diese aber von dem betreffenden Menschen blockiert wird. Die Seele gibt mit der Krankheit ein klares Zeichen. Erkennt der Mensch das und verändert sein Leben, dann kann er gesund werden. Entscheidet er sich gegen die notwendige Veränderung, dann muss er diese Inkarnation möglicherweise beenden.

Das ist keine Brutalität des Lebens, wie wir das oft sehen und erleben. Es ist ein ganz natürliches Spiel des Lebens. Wenn der Mensch seine Berufung auf der Erde nicht leben kann oder will, dann kann die Seele mit einer Krankheit ein Ultimatum setzen, um von diesem Menschen eine klare Entscheidung für oder gegen das Leben zu bekommen.

Ähnlich ist unsere momentane Situation, in der wir uns als Menschheit befinden. Der Verlauf unseres jetzigen Lernprozesses war für uns bis zu diesem Punkt richtig und wichtig, doch ist es an der Zeit, den nächsten Schritt zu tun, um unserer Berufung als Menschheit gerecht zu werden. Natürlich bleibt es unsere freie Entscheidung, ob wir bereit sind dem Ruf zu folgen oder nicht. Wir können diesen Entwicklungsschritt auch ignorieren, so wie einzelne Menschen die Warnung ihrer Seele in Form einer Krankheit. Doch das würde schwerwiegende Konsequenzen für uns Menschen haben. Den bisherigen Weg können wir nicht mehr weiterverfolgen, da er nicht mehr zu unserem Entwicklungsprozess gehört.

Wir sind auf diesem Weg nicht allein. Neben den unsichtbaren Wesen aus anderen Ebenen sind da zum Glück auch noch die Seelen der Menschen, die zurzeit nicht inkarniert sind. Die Entscheidung über den weiteren Verlauf der Menschheitsgeschichte trifft sie ja genauso, wie alle auf der Erde inkarnierte Seelen.

Wir erfahren von diesen zurzeit nicht inkarnierten Seelen nicht nur Unterstützung, sondern sie sind uns auch eine wahre geistige Stütze. Wir werden von ihnen in unserem Inneren ordentlich durchgerüttelt und mit geistigen Impulsen und Rufen konfrontiert und provoziert.

Die Bedeutung dieses nächsten Entwicklungsschrittes der Menschheit ist zu groß und unsere Entscheidung zu bedeutend, als dass die geistige Welt und die nicht inkarnierten Seelen da nur zuschauen würden. Es wird alles getan, um uns zu unterstützen und zu begleiten, doch die Entscheidung können nur wir Menschen treffen. Kein anderer kann das für uns tun.

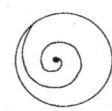

Die zurzeit inkarnierten Menschen bilden und halten gemeinsam mit den nicht inkarnierten Seelen einen energetischen Raum – eine geistige Realität. Die oben beschriebene Aufgabe der Menschheit kann sich nur in dieser Verbindung entfalten. Würde die Menschheit nur aus den auf der Erde inkarnierten Menschen bestehen, dann hätten wir gar nicht das Vermögen eine solche Aufgabe zu bewältigen.

Zu sehr haben wir uns von unserer Ahnenwelt und von den derzeit nicht inkarnierten Seelen getrennt, dass wir diese große Einheit der Menschheit noch wahrnehmen und als gemeinsame Realität erleben könnten. Das nimmt uns Menschen Kraft und schwächt unser geistiges Potential. Auf diese Weise schneiden wir uns von einer bedeutenden geistigen Quelle selbst ab.

Wir sind uns dieser gemeinsamen Realität und des Zusammenwirkens mit der Welt der Ahnen nicht nur nicht bewusst, sondern wir trennen uns regelrecht von dem unsichtbaren Teil der Menschheit ab. Indem wir den Tod nicht mehr als Übergang zwischen den beiden Phasen des menschlichen Daseins erkennen, sondern zu einem Tor der Trennung gemacht haben, wurde ein tiefer Spalt zwischen diese zwei Teile gehauen. Auch hier haben wir die Schattenseite der Dualität eingebracht, haben die untrennbare Einheit der Menschheit in zwei getrennte Pole aufgespalten und sie wie Tag und Nacht getrennt.

Weil der Tod für die meisten Menschen mit einer tiefen Angst verbunden ist, wurde dieses Tor zu einem mächtigen Tabu. Kaum jemand möchte Kontakt zum nicht verkörperten Teil der Menschheit haben oder sucht gar ihre Nähe.

Das dezimiert die Kraft der Menschheit auf eine entscheidende Weise: Die Ahnenwelt ist zu einem Thema von verträumten Anhängern der New Age Bewegung gemacht worden und die nicht inkarnierten Seelen wurden zur Welt der Verstorbenen erklärt.

In der kommenden Zeit, in der es um eine echte Wiederauferstehung der Menschheit geht, spielt die Vereinigung dieser beiden getrennten Menschheitssphären eine bedeutsame Rolle.

Viele große und erfahrene Seelen sind momentan auf der Erde inkarniert, um den kommenden Wandlungsprozess mitzutragen. Ebenso sind zurzeit viele große Seelen im Ozean der nicht inkarnierten Seelen anwesend, um aus der Ewigkeit die neue Geburt der Menschheit zu unterstützen.

Der befreiende Schritt wird erst möglich, wenn es uns gelingt, den gesamten Raum unserer menschlichen Realität wieder in unserem Bewusstsein zu tragen. Erst dieser Schritt gibt uns die Kraft, um diese fundamentale Wandlung zu vollziehen.

Der momentan unsichtbare Teil der Seelen kann uns auf der sichtbaren Seite nicht die Hand reichen, solange wir uns von ihnen getrennt glauben. Wir können zwar mit ihnen Kontakt aufnehmen, wir können sogar mit ihnen kommunizieren, was jedoch noch nicht heißt, dass wir Teil einer gemeinsamen Einheit sind.

Die Heilung dieses gemeinsamen Raumes ist für uns Menschen eine zentrale Aufgabe. Es ist höchste Zeit, dass wir die Begrenzungen und Projektionen, die wir selbst erschaffen haben, aufheben und die Teilung in einen aktiven und – vermeintlich nicht existierenden – passiven Teil der Menschheit auflösen.

Die geistige Dimension der Menschheit wird in besonderem Maße von zurzeit nicht inkarnierten Seelen getragen. Und diese geistige Dimension wird in der kommenden Zeit für uns Menschen auf der Erde immer wichtiger werden.

Als einzelne Menschen sind wir jetzt gefragt, diese Wiedervereinigung zu initiieren und mitzutragen. Dabei handelt es sich allerdings nicht nur um eine neue Art von Verbindung, sondern um eine tiefgehende Vereinigung. Jeder einzelne Mensch, der es schafft, in das Bewusstsein dieser gemeinsamen Realität einzutreten, wird ein wichtiges Licht auf diesem Heilungsweg sein.

In dem Augenblick, in dem wir es schaffen, diese gemeinsame Sphäre zu tragen und ein Teil dieser gemeinsamen Realität zu sein, werden wir als Menschheit einen neuen Weg beschreiten können. Dieser öffnet uns eine neue Dimension unseres Bewusstseins, unseres Denkens und unseres Seins.

Die Heilung und Veränderung auf der kollektiven Ebene wird erst durch die Prozesse vieler einzelner Menschen geschehen können. Es ist ein sehr verinnerlichter und intimer Weg, den jeder einzelne von uns für sich selbst finden wird.

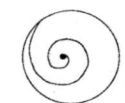

Wenden wir uns noch einmal dem Thema des Erwachens der Menschen zu. Es wurde bereits gesagt, dass wir bald an den Punkt kommen werden, an dem wir aus der derzeitigen Entwicklungsspur heraustreten müssen, um ein weiteres Fortschreiten der Menschheit erleben zu können. Dabei ist es wichtig, dass wir uns bewusst sind, dass nicht nur unterstützende Kräfte im Spiel sind, sondern auch solche, die von unserem leeren Gang profitieren, in den wir immer tiefer hineinrutschen. Es ist in deren Interesse, dass wir nicht aufwachen, dass wir keine neue Richtung finden, dass wir nicht unsere wirkliche Rolle einnehmen.

Wir sprechen hier über die sogenannten Gegenkräfte, die sich nicht von der natürlichen Wachstumsentwicklung ernähren, sondern ausschließlich davon, dass wir den Prozess der Wandung und Entwicklung verweigern. Wir können sie nicht mit dem Bremsen beim Auto vergleichen, sondern mit der Kraft, die bewusst gegen die Fahrtrichtung wirkt. Sie bremsen den Prozess der Entwicklung nicht nur, sondern steuern ihn direkt in die Gegenrichtung.

Je länger wir als Menschheit in diesem ungesunden „auf der Stelle treten" bleiben, umso mehr Nahrung geben wir den Gegenkräften, und übergeben damit immer mehr unserer Kraft ihrer Führung. Sie werden immer mächtiger.

Obwohl sie natürlich machtvoll sind, sollten wir sie nicht mit Angst anschauen. Das öffnet ihnen nur die Tür, um noch mehr Kraft von uns abzuziehen. Der größte Schutz vor ihnen besteht darin, mit unserer ganzen Kraft im Leben zu stehen.

Für die Wandlung der Menschheit ist es entscheidend, diese verführerischen Mächte zu erkennen und uns durch sie nicht in die Gegenrichtung locken zu lassen.

Ein anderer hochwirksamer Schutz besteht darin, die echte, lebendige Wahrheit von der falschen, vorgespielten Pseudowahrheit unterscheiden zu lernen. Das wird eine unserer größten Aufgaben sein – wir werden immer mehr gefordert und sogar gezwungen, uns für die Wahrheit zu entscheiden. Dabei liegt es an unseren inneren Wahrnehmungsorganen, wie weit wir die wahren Lebensimpulse erkennen können.

Der Weg, den wir Menschen gehen, wird immer verzweigter, ähnlich wie ein Labyrinth voller Verwirrungen und Sackgassen. Auf diesem Weg müssen wir mit jedem Schritt den wahren Weg erspüren, finden und ihm folgen. Auch wenn andere Kräfte ständig versuchen, uns in eine Sackgasse zu navigieren und vom Weg der Wahrheit abzubringen. Wir sollten die innere Klarheit stärken und am eigenen Wahrheitsgefühl nicht zweifeln. Der kleinste Spalt im inneren Raum, im inneren Vertrauen, in der eigenen Klarheit und Reinheit, wird sofort als Tor für den Einbruch zerstörerischer Kräfte genutzt.

Diejenigen, die es schaffen in diesem Wirrwarr Schritt für Schritt der Wahrheit zu folgen, werden trotzdem immer wieder in ihrer Wahrhaftigkeit „geprüft" und werden oft einen einsamen Weg gehen müssen. Der Weg selbst wird schon schwierig genug sein, dazu wird noch die vorgegaukelte „falsche" Wahrheit immer aktiver und sich immer immer dominanter und wird sich immer stärker als vermeintlich „echte" Wahrheit in den Weg stellen. Und dann kommt noch der Schmerz des Verlustes dazu. Viele Menschen werden dieser Herausforderung möglicherweise nicht gewachsen sein und werden deswegen innerlich aufgeben, verzweifeln, die eigene innere Wahrheit vergessen und verleugnen.

Doch die Menschheit ist stark genug und wird es schaffen, durch diesen extremen Engpass zu kommen. Es ist wie eine neue Geburt der Menschheit. Auf der anderen Seite des Geburtskanals sind wir ein neuer Mensch.

Ein Mensch, der bis in die letzten Zelle gereinigt und gewandelt sein wird.

Ein Mensch der die Erfahrung der derzeitigen Realität zwar als lebendiges Erlebnis im eigenen Körper speichern wird, aber im Inneren wieder ganz FREI sein wird.

Ein Mensch, der nur durch die Erkenntnis der Wahrheit, der Liebe und der Liebe zur Wahrheit diesen Weg der Wandlung überleben und somit neugeboren wird, um DEM LEBEN SELBST GEWIDMET ZU WERDEN.

Wie können wir das Neue erkennen?

Das Neue ist so einzigartig, so neu, so anders, dass es uns völlig überrascht. Wenn etwas wirklich neu ist, müssen wir auch davon überrascht werden. Diese Überraschung ist jedoch nicht mit Angst, sondern mit einem gesunden Staunen und innerer Neugierde verbunden, aus denen der Wunsch nach tieferem Entdecken und neuer Erkenntnis spricht.

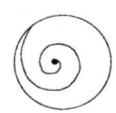

Das Neue berührt ganz anders – direkt im Herzen. Es ist wie einen Blitz schnell, klar, deutlich, und es bewegt ganz tief im Inneren.

Wir wissen, wann wir das Neue erleben, weil es uns schon gleich verändert. Wir können keine wahre Begegnung mit dem Neuen haben, ohne davon sogleich angesteckt zu werden. Das ist ein klares Erkennungszeichen des Neuen. Wenn wir von dem Neuen berührt werden, dann wird unserer Blickwinkel des Betrachtens so verändert, dass wir das auch physisch spüren werden.

Das Neue ist farbig, lebendig, vielschichtig und in ständiger Bewegung und Wandlung. Wir können es auf gar keinen Fall mit unserer Betrachtung, Beschreibung oder gar Analyse begrenzen. Genauso wenig können wir es festhalten oder mit den bekannten Werkzeugen unseres Verstandes festnageln. Sollte uns das wider Erwarten gelingen, dann sind wir ganz sicher nicht dem Neuen begegnet.

Mit dem Neuen können wir nur in einen direkten Kontakt kommen, was aber für uns schon gleich eine Konfrontation bedeutet. Es kann nicht anders sein, weil wir sonst das Neue nicht berühren können.

Was brauchen wir für den Schritt in das Neue?

Es wird immer häufiger Möglichkeiten geben, das Neue schon jetzt zu erfahren oder vom Neuen berührt zu werden. Wir sind noch nicht soweit, im Neuen dauerhaft zu verweilen, oder sogar schon zu leben, doch wir können uns langsam innerlich für das Neue öffnen.

Dafür sollten wir den Raum in unserem Inneren freier machen, ihn dehnen und öffnen. Momentan können wir den Schritt ins Neue noch nicht tun, dafür steht uns erst eine tiefgreifende Wandlung bevor. Doch können wir unsere innere Ausrichtung schon jetzt auf das Neue legen.

Ohne innere Klarheit wird das auf keinen Fall gehen!

Um in dieser Ausrichtung bleiben zu können, hilft uns ein tiefes Vertrauen in das Leben und in uns selbst. Tief in uns sollten wir unser Vertrauen aufbauen und die Gewissheit spüren, dass wir es schaffen werden.

Wir sollten uns auch klar machen, dass wir nicht mit nur einem Schritt in das Neue gelangen; es werden mehrere Schritte vonnöten sein, die mit tiefen Prozessen, unangenehmen Erschütterungen, sogar Schmerzen und Leid einhergehen können. Doch sollen wir uns dadurch nicht von unserer inneren Ausrichtung abbringen lassen, sondern vielmehr einen inneren Kompass entwickeln, der uns eine konstante Richtung vorgibt, egal was um uns herum geschieht. Der Kompass sollte wie eine innere Uhr sein, deren bekanntes Schlagen wir in jeder Situation spüren können und die uns, nicht die genaue Zeit, dafür aber die genaue innere Ausrichtung zeigt.

Der Weg in das Neue ist selbstverständlich neu und uns völlig unbekannt. Doch als Seele kennen wir die Richtung des Weges und das wird uns reichen, um den Weg zu finden und ihm auch folgen zu können. Schaffen wir es offen, klar, rein und demütig zu sein und das auch im Chaos zu bleiben, dann werden wir innerlich immer zum nächsten Schritt auf dem Weg geführt.

Was könnten die größten inneren Hindernisse auf dem Weg in das Neue sein?

Um das zu verstehen, sollten wir uns noch einmal gewahr werden, dass es sich hier um eine so tiefgreifende Wandlung handelt, in der wahrscheinlich keine Zelle unser Seins so bleiben wird, wie sie gerade noch ist. Eigentlich kann sich die wahre Veränderung nur vollziehen, wenn alles in uns sich komplett wandeln und neu zusammenstellen kann. Bei so einer grundlegenden Neufindung können wir nicht erwarten, dass wir im Prozess nur gestreichelt und geschont werden. Wir können auch nicht erwarten, dass die Wäsche durch das Schleudern nicht zerknittert wird.

Am meisten Kraft werden wir Menschen durch *Angst* verlieren. Gerade die Angst wird viele in diesem Wandlungsgeschehen in die Verwirrung führen. Viele werden durch unterschiedliche Formen der Angst in die Irre geführt und verlieren so den Faden ihrer Entwicklung und des Wandlungsprozesses.

Angst zieht zu viel Kraft von uns ab, sie führt uns in innere Schwäche, sie blockiert unsere inneren Sensoren und vernebelt die innere Klarheit, sie verwirrt unsere innere Orientierung und Ausrichtung. Sie zieht unseren Fokus aus der Realität des Lebens, und vor allem verhindert sie tief in uns, dass wir in unserem wahren Sein die werden, die wir wirklich sind.

Wir können uns in diesem Prozess die Angst nicht leisten. Fängt die Wandlung erst einmal an, wird es zu gefährlich sein, Angst zu haben.

Es ist nicht einfach sich im Voraus „Angst-fest" zu machen, zumal wir gar keine wirkliche Vorstellung davon haben, wie die Wandlung aussehen wird. Wir können nicht wissen, welchen Herausforderungen, Erschütterungen, welchem Schleudern, welchen inneren Umpolungen und Versetzungen wir auf diesem Weg begegnen werden. Deswegen ist es auch schwierig, schon heute mit konkreten Ängsten zu arbeiten, um sie zu transformieren.

Doch wir können uns durchaus unsere allgemeine Tendenz in Bezug zur Angst anschauen, um sie zu verstehen und wenn nötig zu verändern. Wir können heute schon unseren Schwachstellen nachspüren, um potentielle Öffnungen für das Eindringen der Angstenergie auszumachen und sie durch innere Arbeit zu schließen.

Tagtäglich haben wir genügend Möglichkeiten, uns ganz ehrlich mit dem Thema der Angst auseinander zu setzen und damit die Wahrscheinlichkeit zu mildern, dass wir in schwierigen Situationen der Angst verfallen.

Dabei sollten wir uns im klaren sein, dass die Angst keine so unschuldige und schwache Energie ist, wie wir denken. Sie ist mächtig und beeinflusst unser Leben schon jetzt viel stärker, als wir uns vorstellen können. Wenn wir uns kurz überlegen, was wir alles im Leben aus unterschiedlichen Ängsten nicht getan haben, oder was wir alles im Leben tun würden wenn wir über die Macht der Angst erhaben wären.

Als Vorbereitung für die kommende Wandlungszeit ist die Transformation der Angst eine der wichtigsten Aufgaben. Dabei ist es hilfreich zu wissen, dass sich die Angstenergie, in den meisten Fällen verselbstständigt und fast wie ein selbstständiges Wesen wirkt.

Die andere problematische und genauso hinderliche Eigenschaft ist der *Hochmut*. Hinderlich vor allem deswegen, weil sein Einfluss vermeidet, sich mit anderen Menschen zu vernetzen. Doch gerade die Vernetzung wird in dem kommenden Wandlungsprozess entscheidend sein.

Hochmut gibt uns das Gefühl der Selbstgenügsamkeit und vor allem gibt er anderen das Gefühl, dass wir uns für niemanden außer uns selbst interessieren und wir andere nicht brauchen. So verschließen wir selbst die Tür zur Welt um uns herum und zwar in beiden Richtungen.

Unser wahres Sein verstecken wir hinter einem Illusionsbild, das uns selbst immer tiefer in eine innere Trennung führt. Wir erheben uns aus der Realität, in der wir leben und verlieren das natürliche Gefühl für die Wahrheit. Unser Hochmut führt uns in die Falle, uns für besser, größer, strahlender und allwissend zu halten, wo doch dieser Gedanke auf dem gegenteiligen Gefühl der Minderwertigkeit beruht.

Das Gefühl des Hochmuts baut aber nicht nur eine Mauer gegenüber anderen Menschen auf, sondern auch gegenüber der geistigen Welt und allen anderen unsichtbaren Wesen; letztendlich isolieren wir uns vollständig.

Wenn wir diese Worte lesen und wirklich verstehen, dann wissen wir, dass wir jeden noch so zarten Keim des Hochmuts in uns wandeln sollten, bevor der große Prozess in das Neue beginnt! Wir dürfen dieser Energie in uns keinen Platz und kein Gefühl geben. Sonst werden wir verloren sein.

Das Schwierige dabei ist, dass wir selber oft gar nicht merken, dass wir hochmütig sind oder die Tendenz dazu haben. Als Hilfe zur Selbsterkenntnis sollten wir uns selbst beim Sprechen zuhören und uns ab und zu von außen wie eine dritte Person betrachten.

Das verlangt von uns etwas Mut, Ehrlichkeit und wirkliche Selbstliebe.

Wenn wir es schaffen diese Übung durchzuführen, dann haben wir es wahrscheinlich auch schon geschafft, den Hochmut zu wandeln oder sind mindestens auf einem guten Weg dahin.

Was auf jeden Fall wertvoll ist und uns ein gutes Stück im „Kampf" gegen Hochmut voranbringt, ist es, das Gefühl der Demut bewusst zu leben. Hier ist eine Demut gemeint, die sich gegenüber dem Leben, gegenüber anderen Menschen, gegenüber Tieren, gegenüber der geistigen Welt und allem andern, was uns im Alltag begegnet, äußert.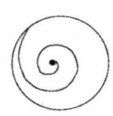

Das bringt uns dazu, tiefer in uns selbst hinein zu sinken und uns in viel gründlicheren Schichten mit allem, was ist, zu verbinden. Es geht darum, sich selbst in den anderen zu spiegeln und die anderen umgekehrt in sich selbst zu erkennen. Das ermöglicht uns, uns selbst im eigenen Kern zu begegnen.

Was ebenso hinderlich auf diesem Weg der Wandlung ist, ist das Gefühl der *Unzufriedenheit*. Laufen wir unzufrieden durch das Leben und die Welt, heißt das nichts anderes, als dass wir den Mut nicht haben, uns voll ins Leben zu stellen und lieber in der Opferrolle bleiben wollen, oder dass wir das Vertrauen ins Leben verloren haben. Es können auch andere Gründe hinter dem Gefühl der Unzufriedenheit stehen, aber im Grunde besagt dieser Zustand, dass wir nicht im Fluss des Lebens stehen, sondern daneben oder sogar gegen ihn schwimmen. Wenn wir mit der Welt unzufrieden sind, dann sind wir an erster Stelle unzufrieden mit uns selbst. Das wollen wir zwar nicht hören, aber nur wenn wir ehrlich genug mit uns selbst sind, werden wir aus diesem seelischen Zustand herauskommen können. Es ist hoch gefährlich für die Seele, zu lange in solch einer passiven inneren Haltung und in einem vergifteten Umfeld zu sein. Sie verliert immer mehr den natürlichen Impuls im Leben auf der Erde glücklich zu sein.

Dieser Zustand „frisst" auf Dauer den heiligen und göttlichen Kern von uns selbst auf. Im Grunde handelt es sich um eine Selbstvergiftung, unabhängig davon, welche Gründe es für die Unzufriedenheit gibt.

Deswegen ist es umso wichtiger, dass wir schnell genug unseren inneren Zustand erkennen und handeln. Je länger wir nur passiv und hilflos herumstehen, umso weniger Kraft und Mut werden wir haben, aktiv im Leben etwas zu verändern.

Dabei hilft es uns zu wissen, dass wir nur den ersten Schritt in Richtung auf den Lebensfluss tun brauchen, um die neue Ausrichtung halten zu können. Jeder nächste Schritt wird aus dem vorherigen folgen.

Alle Gefühle, Energien und Kräfte, die wir in uns tragen, die *nicht Liebe* sind oder gar gegen die Liebe wirken, sind das Schattenlicht von dem, was wir Menschen unserer wahren Natur nach sind. Sie werden auf dem Weg der Wahrheit, der uns in diesem Wandlungsprozess bevorsteht, ein großes Hindernis darstellen.

Sie führen uns weg von unserem wahren Wesen, da wir Menschen Wesen der Liebe sind. Sie vernebeln uns in unserem tiefsten Kern, verursachen eine innere Trennung und machen uns nicht nur unklar in unserem Denken, sondern auch unfähig in unserem Handeln. Es ist nicht übertrieben zu sagen, dass sie uns im Inneren langsam immer mehr in ein Monster verwandeln.

Da wir uns selbst durch diese giftige Energie von der Lebensquelle wegstoßen, werden wir langsam verhungern.

Wir können nicht mehr im Kreislauf der Liebe stehen und daran teilnehmen und können so auf den wichtigsten Ebenen der Seele nicht mehr genährt werden.

Entscheiden wir uns gegen die Liebe, ob es nun durch die Gefühle von Hass oder Neid, Wut oder Trauer geschieht, können wir den daraus folgenden inneren Zustand mit einem Selbstmord vergleichen.

Es ist eine Entscheidung gegen das Leben und damit schneiden wir unseren Lebensfaden ab. Es ist ein sehr trauriger und dramatischer Ablauf, der die Seele nicht nur für dieses Leben prägt.

Die Kraft der Liebe ist direkt an den Lebensimpuls gebunden und dadurch auch direkt an das Leben gekoppelt. Wirken wir bewusst oder unbewusst gegen die Liebe, dann arbeiten wir auch gegen das Leben. Wie können wir dem Leben noch vertrauen und wie kann uns das Leben dann noch tragen? Sind wir dann noch fähig zu leben? Wir werden nicht nur für unsere Umgebung, sondern auch für uns selbst immer fremder und fühlen uns mehr und mehr verloren.

Es geht um eine individuelle innere Entscheidung, ob wir uns für oder gegen die Liebe im Leben entscheiden. Und es ist ein Teil der inneren Hygiene, die Liebe zu pflegen.

Das Gute ist, dass wir uns in jeden Augenblick neu für die Liebe entscheiden können.

Wir wissen gar nicht, wie oft am Tag wir uns für oder gegen die Liebe entscheiden! Wir haben jeden Tag zahllose Möglichkeiten, uns für die Liebe zu entscheiden und genauso viele Möglichkeiten, die Liebe zu verraten.

Wir sollten nur wacher werden und schon könnten wir uns bewusster für die Liebe entscheiden. Wenn wir lernen, die kleinen Situationen im Leben ernst zu nehmen und genauer anzuschauen, werden wir schnell verstehen, dass wir jeden Tag mit der Übung der Liebe beschenkt werden.

Die Liebe ist die Kraft, die eine Vernetzung nicht nur trägt, sondern sie erblühen lässt. Wie schon gesagt, werden die zwischenmenschlichen Vernetzungen im Prozess in das Neue absolut entscheidend sein. Nichts ist also wichtiger, als dass wir uns in der Kraft der Liebe üben. Wir sollten uns selbst besser kennenlernen, um zu verstehen, wann wir gegen uns selbst wirken und damit riskieren, den Lebensfaden und auch den Zugang zur Liebe zu verlieren. Es ist dabei wichtig zu verstehen, was uns in diese selbstzerstörerische Haltung treibt und diese verwirrende Energie zu transformieren.

Eine weitere hochgiftige und gefährliche Energie ist der *Neid*. Wir können nur neidisch sein, wenn wir selber den Boden unter den Füßen verlieren, wenn wir nicht wahrhaftig im eigenen Leben stehen, wenn wir die Selbstliebe verloren haben, wenn wir das Gefühl haben, dass uns im Leben mehr zusteht als wir momentan bekommen und so das Leben als ungerecht empfinden.

Neid entsteht aus innerer Schwäche und kann uns nur eine kurzfristige Befriedigung bieten, weil wir uns für einen Augenblick über die anderen stellen können, um das Gefühl zu bekommen, wir seien besser als die anderen. Doch eigentlich steckt eine innere Unreife dahinter, weil wir den anderen das Glück nicht gönnen – sehr wahrscheinlich weil wir selbst nicht wirklich glücklich sind.

Neid ist auf jeden Fall eine Macht, die immer mehr unseren inneren Raum besetzt und uns in die Ecke treibt. Wir verlieren uns selbst und orientieren uns nur noch am Äußeren. Das macht uns leer und noch neidischer. Der Neid, ist eine ausgesprochen fressende Kraft, die bei jedem Mensch die Oberhand gewinnt, wenn er sich unglücklich, hohl und unzufrieden fühlt.

In dem Augenblick, in dem wir uns selbst wieder spüren, den eigenen inneren Raum ausfüllen und glücklich in unserem Leben sind, werden wir keinen Grund für Neid mehr haben.

Es ist so wichtig, dass wir als Vorbereitung für das große „Schleuderprogramm" der Wandlung bei uns selbst schauen, wo es in unserem Inneren leere Flecken gibt. Denn potenziell wirken sie wie Magnete auf die Macht des Neides. Wir sollten versuchen, diese Leerstellen so schnell wie möglich mit Akzeptanz, Verständnis und viel Liebe wieder auszufüllen.

Natürlich gibt es noch andere innere Hindernisse auf diesem Weg, doch wenn wir diese Beschreibungen ganz genau lesen, werden wir auch für jedes andere Hindernis eine Lösung finden können. Dabei hilft uns eine bestimmte Grundlogik, die bei allen Hindernissen gleich ist.

Welche Rolle spielt das Vergeben bei der Vorbereitung für die Wandlung?

Es ist wichtig, sich dabei die Tatsache vor Augen zu halten, dass die karmische Schwere der Menschheit im Neuen jede Macht verliert. Das heißt, viele Konflikte, Feindseligkeiten, tragische Verwicklungen, die jetzt noch eine große Bedeutung haben, verlieren durch den Wandlungsprozess vollständig ihre Bedeutung als lebendige Geschichten. Daher verlieren wir nur Kraft, wenn wir heute weiter an ihnen festhalten. Sie können uns auf diesem Weg in das Neue nicht weiterbringen.

Mit diesem Wissen über die aufgelösten karmischen Verhältnisse in der neuen Zeit, tun wir gut daran, heute ganz bewusst mit der Kraft der Vergebung und der daraus resultierenden Versöhnung zu arbeiten. Je mehr wir in diesem Sinne schon jetzt mit unerlösten Teilen in uns arbeiten und diese in unseren tiefen Schichten loslassen können, desto weniger Kraft werden wir später bei der karmischen Neukalibrierung verlieren. Die Kräfte, die wir schon heute befreien können, werden in dem Wandlungsprozess kein Hindernis mehr darstellen.

Vergebung ist eine Kraft der Befreiung. Wir befreien nicht nur uns selbst, sondern gleichzeitig alle Beteiligten und sogar den Ort, an dem sich die Geschichte abgespielt hat. Wir können nicht hoch genug einschätzen, was für ein Geschenk die Versöhnung ist.
Es geht dabei nicht nur darum, den anderen zu verzeihen, sondern auch zuzulassen, dass die anderen uns vergeben können. Wie groß der Energieknoten auch sein mag, den zu lösen wir bereit sind, das Gefühl der Erleichterung und Befreiung wird überwältigend sein und unseren inneren Raum für Wichtigeres öffnen.

Die Zeit ist reif, um solche inneren Prozesse zu fördern und diejenigen, die jetzt schon den Mut finden, diese Schritte zu tun, werden unendlich belohnt. Jeder Knoten, der auf der persönlichen Ebene durch die Kraft der Vergebung und der tiefen Versöhnung jetzt schon gelöst wird, bringt einen wichtigen Impuls auch für den Verlauf des kollektiven Prozesses. Auf der kollektiven Ebene braucht es viel Versöhnungskraft, um den kollektiven Raum für den großen Wandlungsprozess zu öffnen und frei zu machen. Wir sind alle für diesen Raum zuständig und können bei der kollektiven Befreiung am besten mitwirken, wenn wir unsere eigenen Verstrickungen lösen.

Wie kann man die Struktur des Alten schon jetzt für das Neue vorbereiten?

Wie bereits gesagt, können wir uns noch nicht konkret auf die Veränderungen vorbereiten, weil wir ihnen heute noch nicht gewachsen sind. Wir können aber schon in Richtung der Veränderung wirken. Das wird uns in den turbulenten Zeiten eine große Stütze sein.

Der erste Schritt besteht darin, dass wir einen realistischer Weg der Ablösung von den alten Strukturen finden. Obwohl wir zurzeit noch in den alten

Strukturen leben müssen und wir alle von ihnen noch abhängig sind, so gibt es doch Möglichkeiten, uns von ihnen innerlich schon abzulösen.

Das Wichtigste dabei ist, die alten Strukturen zu erkennen, nicht mehr blind an sie zu glauben und uns einzubilden, dass sie den einzig möglichen Weg darstellen. Dann bekommen wir die Kraft und den Mut zu erkennen, dass die momentanen Strukturen und Systeme nicht mehr zeitgemäß und immer weniger lebendig und tragend sind. Aus diesem neuen Gefühl heraus werden wir den eigenen inneren Ablösungsweg finden können.

Wir sollten uns dabei jedoch klar machen, dass wir von diesem System abhängig gemacht wurden. Wie bei jeder anderen Abhängigkeit bedeutet das eine hartnäckige Ablösungsarbeit. Es ist ganz sicher nicht mit einer Meditation oder einer Übung getan. Es ist nicht nur ein kleiner Schritt sondern ein ganzer Weg.

In dieser Phase erwartet keiner von uns, aus dem System und den Strukturen bereits konkret auszusteigen; das ist noch unmöglich. Es geht erst einmal um eine innere Erkenntnisarbeit, in der wir unsere eigenen inneren Verstrickungen, Unklarheiten, Unreinheiten und die Abhängigkeit von den momentanen Strukturen aufdecken und wandeln können.

Erst dann kann der nächste Schritt kommen, indem wir uns bewusst für das Neue öffnen. Durch unsere momentanen Vorstellungen über das Neue könnten wir an dieser Stelle sehr leicht in die Falle geraten, uns schon jetzt neue Strukturen ausmalen zu wollen.

Damit würden wir uns den weiteren Weg erschweren oder gar verschließen. Solche Überlegungen machen überhaupt keinen Sinn, denn es wird sowieso keine Strukturen mehr geben, so wie wir sie jetzt kennen. Und diesen neuen Zustand können wir uns heute nicht einmal annähernd vorstellen.

So ist es für uns das Beste, uns Mühe zu geben in der inneren Offenheit zu bleiben – was keine einfache Aufgabe ist. Denn das Alte hat sich vom Gefühl her bereits verabschiedet und das Neue ist noch vollkommen unbekannt und unvorstellbar.

Es ist wie ein Schritt ins Leere, wenn wir aus dem Alten aussteigen. Dafür brauchen wir tatsächlich viel Mut! Und wir brauchen noch viel mehr Kraft, Mut und Vertrauen, um es in diesem Gefühl der Leere auszuhalten. Es ist eine ordentliche Herausforderung auf der persönlichen wie auf der kollektiven Ebene, in dieser Zeit auf der Erde inkarniert zu sein!

Was wird das Tragende in diesem Prozess der großen Wandlung sein?

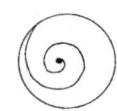

Der Weg wird für uns sehr viel einfacher sein, wenn wir nicht versuchen, uns schon jetzt eine Vorstellung darüber zu machen, wie es während und nach dem Wandlungsprozess sein wird. Es ist unabdingbar, dass wir unsere Erwartungen, so wir welche haben, gleich wieder loslassen. Sie werden uns in diesem Prozess nur hindern.

Nur die reine WAHRHEIT wird uns tragen können. Und alles, was aus dieser Wahrheit entstehen wird, wird tragend sein.

Am besten können wir die Wahrheit mit einem bestimmten Gefühl der Liebe im Herzen erkennen. Es geht dabei nicht um die romantische Note der Liebe, sondern um die Liebe für die reine Wahrheit.

Auch in uns wird nur das tragen, was die reine Wahrheit ist – nicht das, was wir für die Wahrheit halten, sondern das, was Wahrheit wirklich ist.

Was bleibt in uns klar und präsent, wenn nur die Wahrheit zählt? Was ist die wahre Essenz unseres Seins, die von keinem Beben berührt oder erschüttert werden kann?

Was ist unsere tiefste Wahrheit, die uns Hoffnung geben kann, die in uns den benötigten Mut erweckt, die in uns für die innere Klarheit sorgt, die als Lebensquelle für die innere Nahrung dient, die uns mit ihrer göttlichen Natur wieder an das Göttliche in uns anbinden kann. Was ist das wahre SEIN?

Je besser wir die Wahrheit kennen, umso direkter wird unsere innere Verbindung zu ihr sein, umso leichter werden wir sie auch im Chaos als strahlendes Licht finden und erkennen – umso mehr wird sie uns tragen.

Hüten sollten wir uns allerdings davor, uns auf der Suche nach unserer tiefen Wahrheit zu schnell zufrieden zu geben, bevor wir in die wirklichen Tiefen gelangt sind. So ist auch das Erkennen der Wahrheit nicht nur ein Schritt, sondern ein Weg. Und diesen Weg müssen wir gehen, bevor wir irgendwo ankommen.

Die Wahrheit ist innig mit dem reinen Glauben verbunden. Unter Glauben sind an dieser Stelle keine dogmatischen Inhalte gemeint, sondern ein auf einer viel tieferen Ebene verankertes Fundament, frei von allen Dogmen, Regeln oder Bildern. Gemeint ist ein tiefer Glaube an das Leben, der natürlich auch den Glauben an das Göttliche beinhaltet.

So lange wir den Glauben auch in schwierigen Zeiten bewahren können, so lange sind wir vom Leben beschützt und werden getragen. Der Glaube ist wie der Schlüssel eines Fahrzeugs, ohne den wir es nicht starten und nutzen können. Ebenso wenig können wir ohne den Glauben einen Bezug zum Leben finden. Auch können wir keine Tür öffnen, nicht getragen oder genährt werden, weder mit dem Leben fließen noch atmen. Ohne Glauben schließen wir uns aus dem Lebensfluss aus.

Die Bedeutung von Vernetzungen wurde oben schon erwähnt; schon jetzt sind sie wichtig, doch mit der Zeit werden sie immer wichtiger.

Stehen wir in einer kritischen Situation alleine da und verlieren nur für einen kurzen Augenblick unseren Glauben und Mut oder das Vertrauen in unsere Kraft, dann kann unsere Bindung an das Leben schon maßgeblich verloren sein. Geschieht das gleiche in einer Vernetzung, sind immer noch andere da, die uns in solch einem Augenblick halten können. In einer wahren Vernetzung sind wir, egal was geschieht, nie alleine und es werden sich immer unterstützende Hände finden, die uns in einem Augenblick der Schwäche mittragen.

Es ist sehr wichtig, sich momentan an Vernetzungen anzuschließen und sich so mit Menschen zu verbinden, von denen wir wissen, dass sie auf der wahren Kraft der Liebe bauen.

Die Liebe, das große Wort für die große Kraft. Die Liebe war schon immer die Basis für das Leben und das wird sie auch in der Zukunft bleiben. Nur wird sie noch an Wahrhaftigkeit gewinnen.

Die Liebe können wir überall finden und erkennen, wenn wir die wahre Liebe selbst im Herzen begriffen haben. Wir können sie nicht kontrollieren, wir können sie nicht erzwingen, wir können sie nicht erschaffen, sie nicht vorspielen und wir können keine Macht über sie haben, dafür können wir sie LEBEN und erleben.

Das Gefühl der Liebe im Herzen bringt uns wieder zurück zur Wahrheit. Liebe und Wahrheit sind eng verbunden und können immer weniger voneinander getrennt werden.

Zurzeit wird viel über das Erdwandlungsgeschehen gesprochen und hier wird nun der Wandlungsprozess der Menschheit in das Neue beschrieben. Wie stehen diese beiden Prozesse zu einander? Ist das ein Prozess oder sind das zwei unterschiedliche Prozesse, die parallel oder sogar zufällig nebeneinander verlaufen? Wie können wir uns das vorstellen?

Die Erde ist ein Planet des Lernens. Um Lernprozesse zu ermöglichen und zu unterstützen, muss die Erde ständig Veränderungen und immer wieder auch größere Sprünge erzeugen. Wenn es aber einen konstanten Lernprozess gibt, dann entsteht als Folge ein Entwicklungsweg. So ist die Erde ein Planet, der den Entwicklungsprozess auch im großen Ganzen stark befördert. Damit gibt die Erde den Impuls für das Wachstum.

Die Erde kann man in der großen kosmischen Einheit als einen Samen für Entwicklung und Wachstum sehen.

Genau deshalb haben wir Menschen uns die Erde als unseren Planeten ausgesucht.

Damit haben wir uns aber auch für den ständigen Prozess der Veränderungen und der Wandlung entschieden.

Da wir nicht nur auf der Erde, sondern in die Erde inkarniert sind, da wir sozusagen aus der Erde entstehen und Natur der Erde in uns tragen, da wir der Atem der Erde sind, da WIR DIE ERDE SIND, können wir uns dem Entwicklungsprozess der Erde nicht entziehen.

Und wenn wir die Aufgabe der Menschheit im tiefsten Kern begriffen haben, dann verstehen wir auch, wie wichtig unsere Rolle in diesem Prozess ist. Der Ausgang des bevorstehenden Prozesses hängt maßgeblich von uns Menschen ab.

Immer wieder bereitet die Erde große Entwicklungssprünge vor, die so tiefgreifend sind, dass sie alles von der Schale bis zum Kern durchschütteln.

Die Erde selbst und alle, die auf der Erde leben, brauchen diesen Schockeffekt für ihre eigene Entwicklung. Um das verstehen zu können, sollten wir uns klar machen, dass die Erde ein bewusstes Wesen ist. Sie ist nicht nur der lebendige Stoff, der das Leben ermöglicht. Sie ist auch nicht nur einfache Materie, die von unterschiedlichen Wesen belebt, durchdrungen und durchleuchtet wird, sondern sie ist selbst ein lebendiges Wesen.

Wir Menschen werden ständig von ihrem Wesen belebt, durchdrungen und durchstrahlt. Wir sind ein Teil ihres Bewusstseins, wir sind ein Teil ihrer Präsenz und doch sind wir ganz selbstständige Wesen, die unsere eigenen inneren Prozesse steuern, inszenieren, erleben und durchlaufen.

So ist es ein einziger Wandlungsprozess und doch sind es zwei getrennt verlaufende große Veränderungen. Die Erde steht vor einem großen Quantensprung, und wir Menschen stehen vor einer Entwicklungsumpolung, die uns um 180 Grad verändern wird.

Der eine Prozess kann sich ohne den anderen nicht entfalten und ein Prozess kann den anderen nicht aufhalten.

Wie wird sich unsere Beziehung zum Wesen der Erde durch diesen Prozess verändern?

Wir Menschen werden uns sehr verändern. Das gilt auch für unsere Beziehungen untereinander und zu anderen sichtbaren und unsichtbaren Wesen in anderen Dimensionen. So wird sich auch unsere Beziehung zur Erde grundlegend wandeln.

Wir können den Schritt in das Neue nicht vollziehen, wenn wir die Beziehung zu unserem eigenen Wesen nicht verändern. Als Folge davon werden wir auch die Erde als Wesen neu erkennen.

In unserer pubertierenden Phase haben wir sie oft nur als nährende Materie gesehen, die uns die Grundlage für unser Leben bietet. Viele nennen sie noch heute Mutter Erde. Was nicht falsch ist, weil sie in gewisser Weise unsere Mutter ist. Doch sollten wir achtgeben, dass wir uns durch dieses Bild nicht von ihr trennen. Denn sonst laufen wir Gefahr, dass wir sie nur außerhalb von uns sehen und nicht als einen Teil von uns selbst erleben.

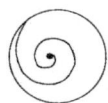

Wir erleben sie in momentaner Entwicklungsphase schon immer mehr als geistige Materie, und immer mehr Menschen suchen einen Bezug zu ihr als lebendiges Wesen. Langsam wird uns immer klarer, dass es um eine wahre Beziehung geht, dass wir eine Beziehung zur Erde haben können. Das ist schon viel.

Nun sind wir am Ende dieser pubertierenden Phase und stehen unmittelbar davor, unsere Beziehung zur Erde auf eine ganz neue Grundlage zu stellen. In einfachen Worten könnte man sagen: Die Erde wird zu unserer Göttin werden.

Wir werden die Erde so tief begreifen, dass wir sie wieder als göttliches Wesen empfinden und erleben werden. Wir werden sie als unsere Göttin behandeln und eine ganz neue Beziehung zu ihr aufbauen.

Um es ganz klar zu sagen: Es handelt sich dabei nicht um eine unberührbare Gottheit, die außerhalb von uns auf ein hohes Podest gestellt wird, um uns vielleicht sogar Angst einzujagen. Ganz im Gegenteil, sie ist das Göttliche in uns, sie ist die Göttin, die durch jede Zelle unseres Seins strahlt und wirkt.

Die Erde wird sich zwar auch verändern, aber die größte Veränderung wird durch unsere neue innere Einstellung ihr gegenüber geschehen.

Und das wird auch unser Sein und unser Dasein auf der Erde sehr verändern.

Es ist wahrscheinlich schwierig, all das mit unserem jetzigen Bewusstsein zu verstehen und noch schwieriger, es wirklich zu begreifen. Vielleicht klingt es für manche sogar abgehoben, nicht geerdet, übertrieben und unlogisch.

Doch kann man vielleicht schon ahnen, dass es um eine neue Qualität des Lebens auf der Erde geht. Wenn wir diesen einen Satz „Die Erde ist unsere Göttin" lange genug in uns wirken lassen, dann werden wir spüren, wie sehr das nicht nur die Beziehung zur Erde verändert, sondern vor allem auch zu uns selbst.

Es öffnen sich neue Tore, neue Dimensionen, neue Ebenen, neue Räume, neue Horizonte, neue Wahrheiten, dadurch öffnen sich die neue Zeit und das NEUE selbst.

Es ist ein Wunder, das auch das Wunder in uns freilegt und zur Entfaltung bringt.

Das Wichtigste ist gesagt. Gibt es noch einen Hinweis für uns?

Wie schwierig dieser Übergang auch werden mag, eines sollten wir auf diesem Weg nie vergessen: Das Leben steht immer auf unserer Seite. Das Leben ist nie gegen uns! Egal welche Situationen, welche inneren Prüfungen das Leben in diesem Prozess für uns bereithält, das Leben ist immer mit uns und für uns. Deswegen mögen wir nie am Leben verzweifeln. Wir sollten nie denken, das Leben ließe uns im Stich. Und genauso wenig sollten wir auf die Idee kommen, gegen das Leben zu kämpfen. Wenn wir das tun, können wir nicht mehr im Fluss des Lebens schwimmen. Und wie sollten wir dem Leben noch vertrauen, wenn es zu unserem Feind geworden ist?

Im kommenden Wandlungsprozess in das Neue wird es lebenswichtig sein, dem Lebensfluss zu folgen und dabei den Lebensfaden nie loszulassen oder gar zu verlieren. Das Vertrauen ins Leben wird in diesem ganzen Prozess der Wandlung von größter Bedeutung sein.

Wir sollten uns diese Worte gut merken und sie vor allem in schwierigen Zeiten nie vergessen!

Es kann sein, dass der eine oder die andere beim Lesen dieses Textes Angst bekommt, sich vielleicht sogar nach der Lektüre kraftlos und verloren fühlt. Da sollte man sich erinnern: **Dieser Weg mag zwar schwierig aussehen, doch er ist ein großes Geschenk**, weil er es uns Menschen ermöglicht, in Tiefen zu gelangen, die wir uns heute noch gar nicht vorstellen können. Und dafür lohnt es sich, den Mut und die innere Kraft zu sammeln für alles, was auf uns zukommen mag.

Dieser Text hat die Funktion einer Klärung. Er möchte uns helfen zu verstehen, was in diesem Wandlungsprozess eigentlich geschehen wird und was wir tun können, um diesen Weg so gut wie möglich gehen zu können.

Die Wahrheit kann keine Drohung sein. Sie mag auf uns als Bedrohung wirken, wenn wir uns nicht genug für sie und ihre Bedeutung öffnen können.

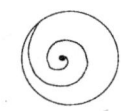

Diese Wahrheit kommt zwar aus der Zukunft, aber sie ist für die jetzige Zeit und für uns vorbereitet. Je tiefer wir sie in uns aufnehmen, desto mehr werden wir uns in den Tiefen schon mit der Zukunft verbinden können. Damit richten wir uns schon auf das Neue aus und werden immer stärker von dem Neuen getragen.

z

Der Samen von Visoko sagt:

„**Liebe Menschen**, seid Euch bewusst, dass Ihr auf diesem Weg, nie alleine gelassen werdet – es sind ganz viele sichtbare und unsichtbare Wesen, die euch in diesem Prozess begleiten, unterstützen und tragen.

Sollte es doch einmal geschehen, dass ihr diese Unterstützung nicht spüren könnt, dann verschließt Euch bitte nicht, sondern öffnet Euch noch mehr und betrachtet ganz bewusst die Welt. Dann werdet Ihr die helfenden Hände all dieser Wesen wieder spüren, erkennen und annehmen können."

# II. Teil
Marko Pogačnik

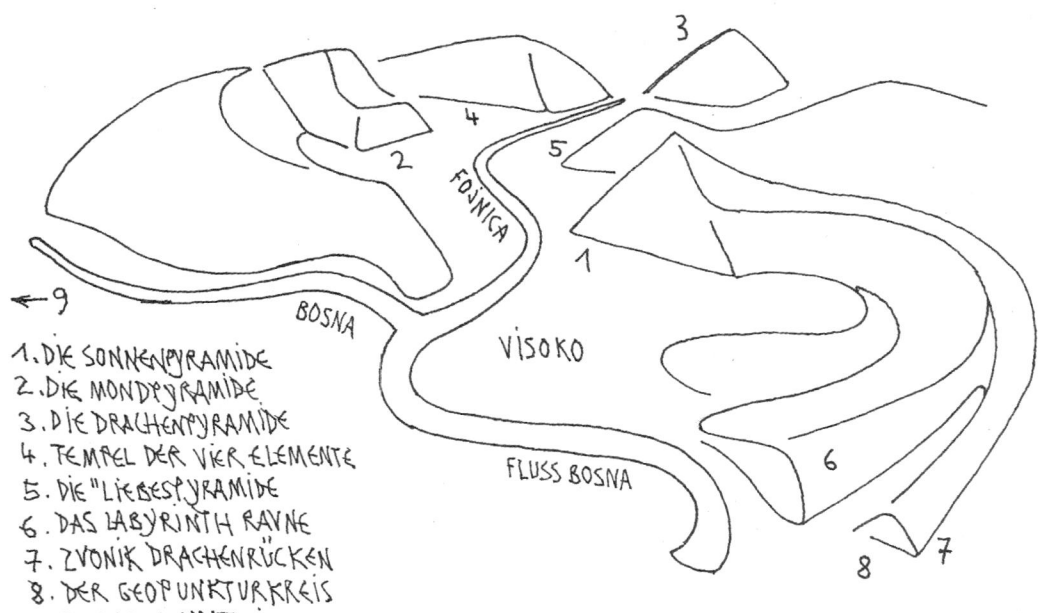

1. DIE SONNENPYRAMIDE
2. DIE MONDPYRAMIDE
3. DIE DRACHENPYRAMIDE
4. TEMPEL DER VIER ELEMENTE
5. DIE "LIEBES"PYRAMIDE
6. DAS LABYRINTH RAVNE
7. ZVONIK DRACHENRÜCKEN
8. DER GEOPUNKTURKREIS
9. TUMULUS VRATNICA

Das Pyramidensystem von Visoko

An den Wurzeln von Europa

Der breite Bauch von Europa

Gleich zu Beginn sollten wir uns von gängigen Vorstellungen über Pyramiden lösen, wenn wir uns ein Bild von dem Pyramidensystem in Visoko, Bosnien, machen wollen. Das betrifft sowohl Vergleiche mit den weltweit entdeckten alten Pyramidenkomplexen, als auch mit denen, die heutzutage noch gebaut werden. Der Vergleich mit den Mittelamerikanischen Pyramiden macht zum Beispiel gar keinen Sinn. Nach Radiokarbonmessungen liegen zwischen diesen Pyramiden und denen von Visoko 30 tausend Jahre Erd- und Menschheitsgeschichte. Sinnvoll erscheint mir jedoch die Frage, was hinter dem Phänomen der Pyramiden in Visoko bei Sarajewo steht. Es kann kein Zufall sein, dass ihre Entdeckung die verschiedensten Menschen seit zehn Jahren weltweit beschäftigt und inspiriert.

Ich möchte jedoch betonen, dass es mir bei der Untersuchung des Phänomens in Visoko nicht um eine in die Vergangenheit gewandte Forschung geht. Vielmehr möchte ich das Pyramidensystem von Visoko und begleitende Erscheinungen im Kontext der gegenwärtigen Erd- und Zivilisationswandlungen betrachten. Auch sollten wir uns fragen, warum das Visoko System genau zu unserer Zeit entdeckt werden konnte.

Es ruhte ja zwölftausend Jahre lang im Verborgenen, nachdem die „Pyramiden" in Berge verwandelt und die Tunnel des „Labyrinths" Ravne zugeschüttet worden waren. Doch vorerst interessiert uns die Frage, warum das Pyramidensystem mitten auf dem Balkan beheimatet ist, sozusagen im Bauch von Europa.

Vom Kopf aus gesehen hängt der Bauch des Balkan tief unten am Körper von Europa und scheint keine wichtige Rolle bei der Kultur- und Zivilisationsentwicklung gespielt zu haben. Diese Sichtweise ist jedoch lediglich eine eigenwillige Projektion des Verstandes, der gerne hierarchisch von oben nach unten schaut. In Wahrheit ist es genau umgekehrt. Betrachten wir die über tausende von Jahren blühende Kultur der Göttin, die die Geschichtsschreibung das Neolithikum nennt, so müssen wir uns eingestehen, dass diese sich auf dem Balkan entfaltet und von da aus über ganz Europa verbreitet hat. Genau diese Kultur der Jungsteinzeit hat im Zuge ihrer Ausbreitung Europa nach geomantischen Strukturen geformt und als sakrale Makrolandschaft entwickelt. Nachfolgende Kulturen haben deren heilige Plätze weiter genutzt und dabei leider auch oft verstümmelt. Das gilt auch für das Christentum und die Positionierung vieler bedeutender Kirchenbauten.

Auch in der Beziehung zum menschlichen Körper wäre eine Umkehrung des Verhältnisses von Kopf und Bauch hilfreich. Es ist sicher nicht der Schädel, den wir als Quelle des Lebens betrachten, sondern eher die Bauchhöhle, die wir als Ausgangspunkt aller Lebensprozesse preisen sollten – und zwar nicht nur, weil wir als Kinder im Bauch unserer Mutter getragen wurden. Ich nehme die Bauchhöhle als den Ort im Körper wahr, der in Resonanz steht mit dem Kern der Erde; genauer gesagt mit der Präsenz von Gaia, der Schöpferin des irdischen Universums.

Seit Mitte der 60er Jahre entstand mit einem neuen ökologischen Bewusstsein die Vorstellung, dass die Erde als ein Lebewesen zu betrachten sei und so wurde sie wieder alternativ mit den Namen der griechischen Erdgöttin „Gaia" benannt, um vom flachen und abstrakten Bild eines durch den Verstand geprägten dichten Erdballs wegzukommen. Nach dieser alten und neuen Anschauung wird Gaia nicht nur als ein allumfassendes Bewusstsein, sondern als eine Wesenheit betrachtet, die auch eine sakrale Dimension hat, die der Göttin.

In diesem Sinne können wir Gaia in der Mitte des irdischen Universums zentriert sehen. Aus dieser Mitte entfalten sich ihr Bewusstsein und ihre lebensschaffenden Kräfte, die alle Wesenheiten und Dimensionen des Erdkosmos am Leben erhalten und nähren. Diese irdische Mitte befindet sich beim Mensch in seiner Bauchmitte; diesen Brennpunkt Gaias nenne ich „den Punkt der vollkommenen Anwesenheit". Wenn die Aufmerksamkeit des Menschen in diesem Punkt zentriert ist, so steht er in Resonanz und Verbindung mit der Ganzheit des irdischen Universums.

Mit den Begriffen des „irdischen Universums" oder „Erdkosmos" möchte ich verdeutlichen, dass Gaia nicht zwischen dem irdischen und dem kosmischen Raum unterscheidet. Alles, was den Kosmos ausmacht, ist auch im irdischen

Universum enthalten. Umgekehrt gesehen ist Gaia mit all ihren Ausdehnungen ein wesentlicher und geschätzter Teil des Universums. Das gilt natürlich nur, wenn man die Erde als einen mehrdimensionalen Raum wahrnimmt, jenseits des Dogmas eines engen, aus dichter Materie bestehenden Raummodels, das offiziell noch immer als das einzig gültige betrachtet wird.

Wenden wir uns wieder dem Balkan zu. Wenn wir Gaia als das Bewusstsein und als die göttliche Essenz des Erdkosmos im Kern des irdischen Universums betrachten und wir davon ausgehen, dass dieser Kern in Resonanz mit unserer Bauchmitte steht, dann wäre die schöpferische Kraft Gaias im Bezug zum Körper Europas in der Mitte des Balkans zentriert. Genau dort steht der Pyramidenkomplex von Visoko. Daraus können wir folgern, dass die Bosnischen Pyramiden an einem Ort erschaffen wurden, der eine Schlüsselbedeutung für die schöpferischen Prozesse hat, die sowohl im Körper als auch im Bewusstsein von Europa ablaufen. Diese schöpfen in der Region von Visoko aus ihrer zentralen Quelle.

Hier stellt sich natürlich die Frage nach der Lage und dem Umfang des landschaftlichen Raums, der den Bauch von Europa ausmacht. Denn es ist kaum anzunehmen, dass eine so wichtige Funktion von einem relativ kleinen Landschaftsbereich alleine getragen werden kann.

Meiner Wahrnehmung nach befindet sich der Bauchbereich von Europa zwischen der Bergkette der Karpaten im Osten und den drei großen Inseln, Korsika, Sardinien und Sizilien im Westen. Die beiden Flanken dieses Gebietes könnten wir mit den Hüftknochen des Menschen vergleichen. Sie halten den Raum des Bauchs an beiden Seiten aufrecht.

Richten wir unsere Aufmerksamkeit weiter der Mitte zu, so erkennen wir, dass der Bauch von Europa in mehrere symmetrisch angelegte Raumschichten gegliedert ist. Von Osten her wird die nächste Schicht als die große kreisrunde ungarische Fläche erkennbar. Die Entsprechung im Westen erscheint als die lang gezogene Halbinsel Italiens; sie bilden dabei gegenseitige Pole. Die breite Fläche Ungarns zeichnet sich durch einen weiblichen und die bergige, lang gestreckte Apenninen- Halbinsel durch einen männlichen Charakter aus.

Das nächste symmetrische Paar erblicken wir im Osten mit dem reich an Flüssen durchzogenen Slawonien und dem nicht minder reich mit Inseln bestückten Dalmatien im Westen. Danach erreicht die Gliederung des Raums bereits das Staatsgebiet von Bosnien und Herzegowina. Im Osten ist eine vorwiegend serbische Bevölkerung angesiedelt, im Westen, in Herzegowina, eine kroatische. In der Mitte, wo sich das Pyramidensystem von Visoko befindet, siedeln mehrheitlich Bosnier, die überwiegend Moslems sind. Ich werde einige dieser Schichten später noch genauer darstellen; vorerst geht es mir darum, eine Übersicht über das Gebiet zu bekommen, was wir zunächst untersuchen werden.

Betrachten wir den Bauchbereich Europas anhand einer geographischen Karte, so scheint der Bauch im Süden und im Norden eine offene Flanke zu haben. Schauen wir jedoch genauer hin, erkennen wir, dass es an beiden Seiten Gebiete gibt, die den Raum des Bauches abrunden. Im Süden erscheint Griechenland, im Norden eine landschaftliche Komposition, an der Italien, Kroatien, Österreich und Slowenien teilhaben.

Blicken wir auf die landschaftlichen Formen des Peloponnes, erkennen wir die vier einer Wurzel ähnlichen Auswüchse, durch die Europa im Wasser des Mittelmeers verankert ist. Die Insel Kreta reicht noch tiefer in diese Verwurzelung hinein, indem sie Europa samt ihrem Bauchbereich in die Wirbelsäule des mediterranen Raums eingliedert. Als Wirbelsäule bezeichne ich die schwingende Linie der mediterranen Inselgruppe, die ausgehend von Zypern über Kreta und Malta, den Westzipfel von Sizilien, Sardinien und den Balearen bis zum gigantischen Felsen von Gibraltar verläuft, der eine Art Krone des Mittelmeers darstellt. Bleiben wir beim Bild des menschlichen Körpers, könnten wir Griechenland mit dem Steißbein vergleichen, dem Ort, wo auch unser vitalenergetisches Erdungssystem lokalisiert ist.

Im Norden wird wie oben erwähnt der Bauchbereich durch ein Kraft- und Bewusstseinssystem abgeschlossen, das ich mit dem elementaren Herzen beim Menschen gleichsetzen möchte. Dieser Bereich umfasst eine reich gegliederte

Landschaftskomposition, zu der auch Venedig gehört. Hierbei handelt sich um ein geomantisches System, durch welches das Herznetzwerk der Erde mitsamt seinen kostbaren Qualitäten zum Ausdruck kommt.

Das elementare Herz befindet sich beim Menschen unterhalb der Spitze des Brustbeins; ihm kommt die Aufgabe zu den Raum zu schaffen, in dem das

Der Bauch von Europa mit den verschiedenen Schichten seiner Gliederung und die Wirbelsäule von Europa zwischen Kreta und Island (1. das Wurzelsystem, 2. Visoko Pyramidenkomplex, 3. das elementare Herzsystem)

komplexe Herzsystem des Menschen sich entwickeln kann. Wie das elementare Herz beim Menschen ist auch das elementare Herzsystem Europas unterhalb des Zwerchfells positioniert.

Im Leib Europas wird das Zwerchfell durch eine lange Gebirgskette verkörpert, die Europa in eine südliche und nördliche Hälfte teilt. Diese Gebirgskette, entstanden durch das Reiben der Kontinentalplatten, zieht sich vom Atlantischen Ozean über die Pyrenäen, verschwindet dann im Mittelmeer, taucht wieder auf in Form der Alpen, umrandet den Bauchbereich im Osten mit den Karpaten und läuft über den Bosporus nach Kleinasien.

An der nördlichen Seite des Zwerchfells breitet sich der Oberkörper Europas aus, der aber schon jenseits des Gebietes liegt, der uns im Zusammenhang mit dem Pyramidensystem von Visoko interessiert.

Die Bosnischen Pyramiden stellen sich vor

Der erste Teil unserer Betrachtung der Bosnischen Pyramiden war dem größeren landschaftlichen Raum gewidmet, in dessen Mitte die Pyramidenkomposition steht. Diesen habe ich als den „Bauch" von Europa beschrieben. Im folgenden möchte ich mich dem Nabel in der Mitte des umschriebenen Gebietes widmen.

Der nach auswärts gerichtete Blick sieht zunächst eine Gruppe von mittelhohen Bergen, die um den Zusammenfluss von Bosna und Fojnica, zwei starken Flüssen, positioniert sind. Dadurch entsteht ein landschaftlicher Kessel, in dem die Stadt Visoko sitzt – ungefähr 25 Kilometer nördlich von Sarajewo.

So weit mir bekannt ist, gab es den ersten Hinweis auf eine Besonderheit dieses Ortes, als während des letzten Balkan Krieges die elektromagnetischen Felder und Netzwerke der Gegend von einem Flugzeug aus trassiert wurden. Diese werden in der Regel als quadratische Muster aufgezeichnet, die relativ geradlinig über der Landschaft verlaufen. Im Kessel von Visoko springen sie jedoch „in die Luft" und erzeugen einen unerklärlichen Knoten.

Niemand konnte sich diese Abweichung von der Norm erklären, bis der Anthropologe Dr. Semir Osmanagić aus den USA nach Visoko kam. Er hatte bereits weltweit Pyramiden erforscht – selbst die verschwiegenen Pyramidenkomplexe in China. Mit seinem geschulten Auge erkannte er unter der Erdaufhäufung sofort die größte und am besten erhaltene Pyramide, die er als „Sonnenpyramide" bezeichnete. Wie die Cheopspyramide von Giseh ist sie präzise nach den Himmelsrichtungen ausgerichtet, jedoch wesentlich höher als diese.

Bei genauer Betrachtung des Visoko Phänomens stellte sich heraus, dass es sich eigentlich um drei Pyramiden handelt, die in einem gleichseitigen Dreieck zueinander stehen. Nach dem Vorbild der Mittelamerikanischen Pyramiden hat man die anderen zwei „Mond- und Drachenpyramide" genannt. Weitere Untersuchungen brachten viele überraschende Ergebnisse, die dazu führten, dass Archäologen der Ansicht und den Forschungen von Dr. Osmanagić widersprachen, dass es sich bei den Formationen in Visoko um Pyramiden handeln würde. Es hatte sich nämlich herausgestellt, dass das Alter der Pyramiden nach gängigen Untersuchungsmerkmalen der Epoche des Paleolithikums zugerechnet werden müsste. Das konnte sich jedoch niemand erklären, denn zu dieser Zeit wohnten die Menschen nach bisherigem Wissen noch in Höhlen und benutzten primitive Werkzeuge. Wie hätten sie so etwas Gewaltiges erschaffen können? Wissenschaftliche Analysen des Materials, aus dem der Mantel der Pyramide besteht, ergaben weiter, dass es sich bei den Blöcken um eine Art Beton, also um ein Baustoffgemisch handelt, das stärker ist als jeder Beton, den wir heutzutage mit unseren Methoden erschaffen könnten, obwohl zur Herstellung offensichtlich nur Naturmaterialien verwendet wurden. Die Rätsel häuften sich.

Obwohl von etablierten Forschungsinstituten eine weitere Erforschung der Phänomene von Visoko blockiert wurde, kommen weiterhin Wissenschaftler aus aller Welt nach Visoko, um mit neuen Methoden und Apparaturen doch noch Beweise zu liefern, dass es sich bei den Pyramiden um die Schöpfung einer uns unbekannten Kultur oder Zivilisation handelt. Da die Finanzierung der Ausgrabungen aus öffentlichen Mitteln aufgrund der negativen Einschätzung offizieller Stellen gestoppt wurde, kommen jeden Sommer Freiwillige nach Visoko und helfen abwechselnd im Wochenturnus bei den Ausgrabungen vor Ort. Auch Geistheiler, spirituelle Medien und Radiästheten versuchen das Geheimnis der Pyramiden zu lüften. Darüber hinaus kommen Besucher

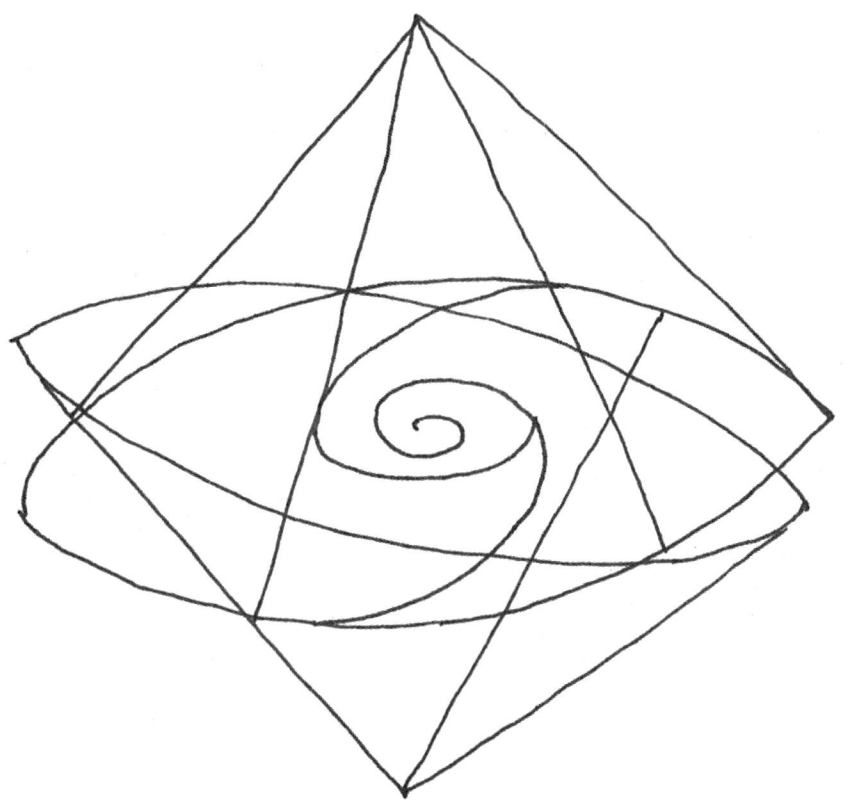

Die Pyramiden beziehen sich sowohl auf das Universum wie auch auf die Erdmitte

aus aller Welt, um diesem Wunder nachzuspüren, womit sie auch zur Finanzierung des Projekts beitragen.

Neben den mitten auf dem Balkan gelegenen Pyramiden kam es zu weiteren rätselhaften Entdeckungen: So wurde ein ausgedehntes unterirdisches Labyrinth mit unzähligen Gängen, die offenbar alle in Richtung Sonnenpyramide führen, zum Teil freigelegt. Besucher können es begehen und halten sich gerne dort drinnen auf, um innere Ruhe und Heilung zu erfahren. Ich selbst erlebe die Atmosphäre in den Tunneln als frisch und inspirierend, als säße ich in Gaias Schoss.

Die empfundene hohe Qualität der Lebenskraft in den unterirdischen Gängen rührt vorwiegend von den keramischen „Megalithen" her, die während der Freilegung der Gänge entdeckt und ebenfalls frei gelegt wurden, so dass man um sie herum sitzen und meditieren kann. Sie haben eine schöne, organisch ondulierte Form, sind bräunlich gefärbt, innen hohl und bestehen aus einem Material, das dem unseres Porzellans gleicht. Die Megalithen liegen horizontal und sind von unterschiedlicher Größe; teilweise über zwei Meter lang sind sie ein weiteres ungelöstes Rätsel.

Mein Interesse und Engagement für das Visoko Projekt begann vor einigen Jahren, als ich zu einer Konferenz in Zagreb eingeladen wurde, an der auch Dr. Osmanagić teilnahm. Er referierte über die archäologischen Forschungen am Pyramidensystem in Visoko. Danach sprach ich über die Mehrdimensionalität von Raum und Zeit. Wir erkannten beide sofort, dass unsere Themen sich gegenseitig ergänzten und beschlossen im Nu unsere zukünftige Zusammenarbeit.

Für mich könnte eine mögliche Ausgangsidee zum Visoko System wie folgt aussehen: Gaia als Schöpferin des irdischen Universums erschuf mehrere Ebenen oder Zeit/Raum Horizonte, an denen entlang parallele Entwicklungen verlaufen. Diese Annahme könnte eine Alternative zur gängigen Anschauung sein, die die Erd- und Kulturentwicklung auf eine einzige Zeit- und Raumebene reduziert. Gehen wir von der Hypothese aus, dass die Menschheitsgeschichte in jenem fernen Zeitalter in etwa so verlief, wie es die offizielle Archäologie darstellt. Menschen lernten über viele tausende von Jahren sich so tief in der Materie zu verkörpern, dass sie letztendlich ihre kreativen Fähigkeiten in der materiell manifestierten Welt zum Ausdruck bringen konnten. Gleichzeitig wirkte eine parallele Zivilisation an der vitalenergetischen Aufladung der Landschaften an der Erdoberfläche, um die in der Materie manifestierte Welt für die mögliche Entwicklung einer hohen Kultur vorzubereiten. Für diesen Zweck, so meine Annahme, hat eine bisher unbekannte Zivilisation neben vielen anderen Bauten, die über die ganze Erde verstreut sind, auch den Pyramidenkomplex von Visoko erschaffen.

Ungefähr 12 tausend Jahre vor unserer Zeitrechnung waren beide parallele Entwicklungsstränge so weit vorangeschritten, dass die zwei Raum/Zeit Horizonte sich einander annähern und letztlich auch durchdringen konnten. Aus ihrer synergetischen Berührung entstand die fantastische Kultur des Neolithikums, die noch heutzutage das Fundament bildet, auf dem wir uns stützen: die Kultur der Göttin. Damals wurden Tiere domestiziert, die wir heute noch als Haus- und Nutztiere halten, wurden Pflanzen gezüchtet, die uns immer noch ernähren, wurden soziale Gemeinschaften, Rituale und künstlerische Ausdrucksformen entwickelt, die die Grundlage unserer heutigen Gesellschaft bilden.

Es wäre möglich, dass die Gänge des Labyrinths in Visoko vor ungefähr 12 tausend Jahren zugeschüttet wurden, um die enorme Kraft der Pyramiden zu vermindern und damit Raum für eine sensible Kulturentwicklung zu schaffen. Offensichtlich wurden die Gänge zugeschüttet und bewusst verschlossen; ein Indiz dafür sind Trockenmauern, mit denen jeder einzelne Gang versiegelt wurde.

Diese bipolare Darstellung der Erd- und Menschheitsentwicklung wird jedoch durch die Entdeckung der keramischen Megalithen relativiert, da sich durch sie ein dritter Horizont eröffnet. Die Megalithen lagen ursprünglich unterhalb der Bresche, in welche die Gänge gegraben wurden. Nur teilweise ragten sie in die Tunnel hinein, als ob sie von den Erbauern als Orientierung beim Ausbau des Labyrinths genutzt wurden. Das könnte darauf hinweisen, dass die Megalithen möglicherweise Millionen von Jahren vor dem Tunnelbau installiert wurden.

Vor meinem inneren Auge sehe ich die Megalithen im Erdraum schweben, bevor sich dieser in der Form materialisierte, wie er uns heute vertraut ist. Die Megalithen scheinen eine Art von Samen zu sein, in denen verschiedene Phasen der (zukünftigen) Erdentwicklung kodiert sind. Teilweise sind diese Entwicklungsphasen schon in der Vergangenheit manifestiert worden, teilweise gehören sie noch der Zukunft oder auch der Gegenwart an.

Daraus folgt für mich, dass wir es beim Pyramidenkomplex von Visoko mit drei parallelen Raum/Zeit Horizonten zu tun haben, die gleichzeitig auf verschiedenen Ebenen schwingen. Teilweise habe ich es so dargestellt, als ob die einzelnen Phasen verschiedenen Alters wären. Das ist allerdings nur bedingt wahr, wenn es darum geht, wann sie für die Geschichtsentwicklung in Visoko relevant wurden. Ich hoffe jedoch, dass aus meiner Darstellung klar hervorgeht, dass sie gleichzeitig, auch hier und jetzt, existieren und wirken. Wegen meiner unmittelbaren Begegnung mit den Erbauern des Pyramidensystems, von dem ich noch erzählen werde, bin ich davon fest überzeugt.

Begegnung mit den Erbauern

Die erste Einladung von Dr. Osmanagić nach Visoko zu kommen, um einen Beitrag zur Entwicklung des Visoko Projekts zu leisten, erreichte mich im Frühjahr 2014. Er bat mich, einen Tag lang eine Gruppe von Besuchern aus verschiedenen arabischen Ländern herumzuführen, die sich dort einige Tage aufhielten. An „meinem" Tag haben wir zuerst das Labyrinth Ravne besucht. Da die Gruppe recht groß war, fast einhundert Menschen, wurde sie in drei Untergruppen aufgeteilt. Ich nahm Teil an jener Gruppe, zu der auch Dr. Semir Osmanagić gehörte.

Gegen Ende der Führung setzten wir uns alle um einen der keramischen Megalithen herum. Semir löschte das Licht, so dass wir im Dunkeln saßen und leitete eine Meditation an. Nach ein paar Worten machte er eine kleine Pause und fragte, ob jemand etwas Besonderes empfinden würde. Ich antwortete spontan, dass ich hinter meinem Rücken Wesenheiten wahrnehme, die etwa so groß sind wie ich, wenn ich sitze. Ihre Farbe wäre blau, fügte ich hinzu.

Da begann Dr. Osmanagić Fragen an diese Wesenheiten zu richten, die ich intuitiv, als ob ich ihr Übersetzer wäre, an die Wesenheiten weiterleitete. Zu meiner Überraschung konnte ich ihre Antworten fehlerfrei in englischer Sprache an Semir übermitteln; ich erhielt sie in Form einer unlogischen Mischung aus Intuition, Bildern und Gefühlen. Ohne mich weiter darüber zu wundern, verlief das Interview fließend und dauerte meinem Gefühl nach 30 Minuten.

Leider gibt es davon keine Aufzeichnungen, weil das Ereignis dieser Begegnung so unerwartet über uns kam. Ich war so sehr darauf konzentriert, meine Mittlerrolle makellos auszuführen, dass ich mir nur weniges davon merken konnte, zumal überwiegend Fragen gestellt wurden, die der Weiterführung der archäologischen Forschung dienten.

Einige der Antworten, die für unser Verständnis des Pyramidensystems bedeutsam sein könnten, habe ich mir jedoch noch gleich im Labyrinth notiert. Die mit mir kommunizierenden Wesenheiten, werde ich im Folgenden „die Erbauer" nennen.

Sie erklärten uns, dass die Tunnel des Labyrinths von der Basis der Sonnenpyramide ausgingen und deren reich verzweigtes Wurzelsystem repräsentierten. Am Anfang (das heißt bis 3 Kilometer von der Basis der Pyramide entfernt) seien die Wurzeln der Pyramide im Konglomerat als Höhlengänge manifestiert. Danach verliefen sie in einer feinstofflichen Form weiter und umspannten einem feinen Netzwerk gleich die Erde als Ganze.

Die keramischen Megalithen jedoch seien Elemente des ursprünglichen Labyrinthsystems, das in Form von Licht parallel zum Tunnelsystem verliefe, in dem wir uns befanden. Die Megalithen repräsentierten Knotenpunkte dieses älteren Systems.

Bei der Frage nach den Erbauern des Pyramidenkomplexes stellten sich unsere Gesprächspartner als Teil einer größeren Gruppe vor. Sie bezeichneten sich als der Elementarwelt zugehörig. Diesen Zusammenhang möchte ich später noch erläutern.

Auf die Frage von Dr. Osmanagić, ob noch weitere Wesenheiten beim Aufbau des Komplexes mitgewirkt hätten, zeigten sie mir eine Gruppe von hohen, schmalen, weiß gekleideten Wesenheiten. Soweit ich sie richtig verstanden habe, waren diese Wesenheiten die „Architekten" des Pyramidensystems in Visoko.

Weiter wurde uns mitgeteilt, dass die dreiseitige Lichtpyramide von größter Wichtigkeit wäre, da diese die Basis der drei Gipfel der verkörperten Sonnenpyramide, Drachenpyramide und Mondpyramide bildete. Unsere den Feen ähnlichen Gesprächspartner betonten auch, dass das System von Visoko nicht nur eine lokale, sondern auch planetarische Bedeutung hätte.

Das Pyramidensystem würde erneut in seine volle Wirkungsphase übergehen, erklärten seine Erbauer, wenn das Labyrinth Ravne und die Sonnenpyramide synergetisch miteinander verkoppelt würden; zur Zeit wären beide Teilsysteme in einer Art „black-out" voneinander getrennt.

Könnten die Erbauer, mit denen wir gesprochen haben, Elementarwesen sein? Ich habe seit mehr als zwanzig Jahren Erfahrung in der Kommunikation mit Elementarwesen. Am besten könnte ich sie mir als einen Aspekt des Gaia Bewusstseins vorstellen, ein Bewusstsein, das in den Landschaften der Erde tätig ist und mit allen sichtbaren und unsichtbaren Wesenheiten kooperiert, damit die Lebensvorgänge auf Erden harmonisch und aufeinander abgestimmt verlaufen können. Doch es handelt sich nicht nur um unzählige Bewusstseinszellen, die durch die manifestierten Ebenen des irdischen Kosmos ausgebreitet werden, sondern um eine reich gegliederte Gruppe von Wesenheiten, die ich Elementarwesen nennen möchte.

Es gibt Elementarwesen, die mit einzelnen Phänomenen der Natur zusammenarbeiten, wie mit einer Pflanze, einem Tier oder Menschen. Es existieren aber auch höher entwickelte Elementarwesen, die mit komplexen Naturorganismen zu tun haben, wie mit Wäldern, Landschaften, Pflanzenarten usw. Nicht minder wichtig ist ihre Kooperation mit Menschen, sowohl bei der kulturellen Entwicklung, als auch bei der Übertragung von schöpferischen Impulsen; besonders wirken sie dabei mit, unsere Verkörperung in der Materie zu ermöglichen.

Um sich in den inneren Schichten der Landschaften und Wesenheiten bewegen zu können, besitzen sie keinen materiellen Körper, der sie nur behindern würde. Sie sind aber auch keine rein geistigen Wesen, sondern verfügen über einen vitalenergetischen Körper – der für unsere physischen Augen unsichtbar ist. Noch zu erwähnen wäre, dass ihre Welt nach dem Prinzip der vier Elemente geordnet ist: Wasserwesenheiten haben mit dem Fluss der Lebenskräfte zu tun und Feuerwesenheiten mit Wandlungsprozessen, während die Erdelementarwesen mit den Prozessen der Verkörperung und Formgebung beschäftigt sind und die Wesenheiten des Luftelements mit den Bewusstseins- und Kommunikationsvorgängen.

Meiner Erfahrung nach würde ich die Erbauer der Pyramiden jedoch mit keiner der vier Elementarwesengruppen gleichsetzen. Ihr menschenähnliches Aussehen und eine vertraute Kommunikationsfähigkeit – ich konnte sie ja leicht verstehen – lassen keinen Zweifel zu, dass es sich um Elementarwesen des fünften Elements handelt.

Wir haben mit meiner Tochter Ajra die Elementarwesen des fünften Elements erstmals zur Wende des 21. Jahrhundert wahrgenommen, nachdem der Prozess der Erdwandlung sich zu zeigen begann. Ajras Geistlehrer erklärte uns damals, dass die Elementarwesen des 5. Elements an keines der vier Elemente gebunden wären, weswegen sie sich frei durch die verschiedenen Ebenen des irdischen Universums bewegen könnten, um bei den komplexen Wandlungsprozessen der manifesten Welt Hilfe zu leisten. Diese erstreckte sich auch auf die Entwicklung der menschlichen Zivilisation und ihrer unterschiedlichen Kulturen.

Die blauen Wesen sehen den Menschen ähnlich, weil sie durch das Bewusstsein von Gaia und ihrer Meister darin geschult wurden, mit Menschen Kontakt aufzunehmen, mit ihnen zu kommunizieren und gemeinsam zu wirken. Ihre Rolle – so wurde mir übermittelt – sei besonders bedeutsam in der sich schnell nähernden Epoche der tief greifenden Wandlung. Menschen könnten in den Wirbeln der Veränderungen gänzlich verloren gegen und bräuchten die Unterstützung dieser Wesenheiten, um sich im Wandel der Zeit zu Recht zu finden. Spätere Begegnungen mit den Elementarwesen des fünften Elements haben mich gelehrt, dass es sich dabei eigentlich um die ursprüngliche Zivilisation handelt, die von diesen menschenähnlichen, zum Gaia Bewusstsein gehörenden Wesenheiten entwickelt wurde, bevor unsere menschliche Gattung in der Epoche des Neolithikums begann sich als junge Zivilisation der Erde einzubringen. Bei meinen geomantischen Arbeiten finde ich seither weltweit die Überreste dieser ursprünglichen Gaia Zivilisation in verschiedenen Ländern.

Ich bezeichne sie als die Zivilisation der Feen, wobei ich hier nicht an die Feen als Wesenheiten des Luftelements denke. Leider fehlen uns für all diese Phänomene die relevanten Begrifflichkeiten. Ich selbst verstehe darunter eine Zivilisation, die Gaia aus der Elementarwesenwelt heraus entwickelt hat.

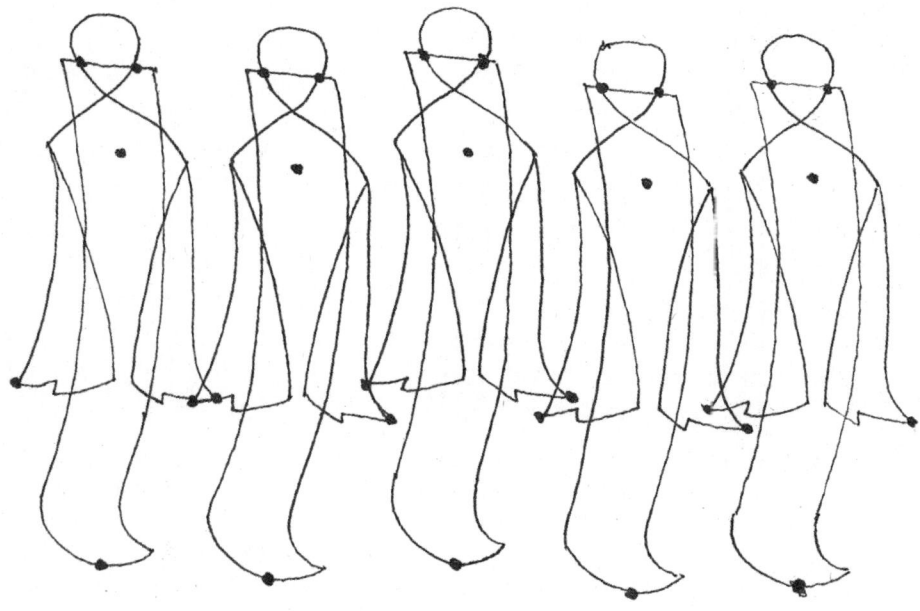

Die blauen Wesenheiten als vermutliche Erbauer des Pyramidenkomplexes

Deren Schöpfungen sind in der Landschaft nicht leicht zu erkennen, weil sie nach denselben Prinzipien kreiert wurden wie die Landschaft selbst – von innen nach außen. Es ist oft schwierig sie von dem zu unterscheiden, was wir Naturschöpfung nennen. Obwohl ursprünglich identisch, erscheinen sie jedoch unterschiedlich. Wir erkennen den Unterschied besonders deutlich an Orten, die eine spezielle Bedeutung für die Erdentwicklung haben. Visoko wäre ein Beispiel für einen Ort, der es Gaia ermöglicht ihre schöpferischen Ideen in konkrete Lebensprozesse umzusetzen. An solchen Stätten braucht es besondere Instrumente, durch die eine bewusste Weiterentwicklung des bestehenden Erdkörpers stattfinden kann. Oft geht es auch darum die sakrale Ebene der Landschaft zum Ausdruck zu bringen und Landschaften in eine Art Landschaftstempel umzubauen.

Wie schon oben erwähnt, kenne ich einige Orte in Europa und Amerika, wo das Wirken der ursprünglichen Zivilisation der Erde klar zu erkennen ist. Dazu gehört das Luisenlabyrinth im Fichtelgebirge mit seiner reich verzweigten Komposition von riesigen abgerundeten Granitblöcken, die meines Erachtens durch das Feengeschlecht errichtet wurden, um Menschen von Generation zu Generation in die Geheimnisse des Erdplaneten einzuweihen. Eine ähnliche Einweihungsstätte entdeckte ich in den USA, unweit von Boulder, Colorado. In den Pilis Bergen im Rücken von Budapest gibt es riesige Trümmer einer Pyramide, dessen Material dasselbe zu sein scheint wie das der Sonnenpyramide von Visoko. Als ich dort eine Erdheilungswerkstatt durchführte, konnte ich erspüren, dass sie wegen eines Missbrauchs ihrer Potenziale explodiert war. Eine ähnliche Tragödie ist mir von der Norditalienischen Fläche her bekannt: In der Nähe von Pieve di Soligo liegen Trümmer einer Pyramide auf einer Fläche über mehrere Quadratkilometer verstreut.

Sind die Sidhe die Architekten von Visoko?

Wer die anderen Wesenheiten sind, die mir als Mitschöpfer des Systems von Visoko gezeigt wurden, ist eine der Fragen, die uns nun beschäftigt. Während des Dialogs mit den Feenwesen wurden sie mir als hohe, schmale, in weiß „gekleidete" Wesenheiten vorgeführt, die sich an ihrer Seite zeigten.

Zuallererst möchte ich Möglichkeit ausschließen, dass es sich um eine der Erde oder der Menschheit helfende Expedition aus dem All handelt. Mit einer solchen Annahme würden wir Gaia als Schöpferin des irdischen Kosmos ihre Autonomie streitig machen. Nach dem holographischen Prinzip bildet jeder Teil des Universums eine in sich geschlossene Einheit und ist autonom, ob es sich nun um ein Atom oder wie in unserem Fall um einen Planeten wie die Erde handelt. Das heißt jedoch nicht, dass es zwischen den einzelnen Einheiten keinen Austausch geben könnte. Ein solcher ist natürlich willkommen, aber nur möglich, wenn ein entsprechender Kontakt verinnerlicht wird, um danach in eine schöpferische Phase übergehen zu können, bei der Gaia zusammen mit ihren Wesenheiten etwas Neues erschaffen kann.

Demnach müssten die Architekten von Visoko unter den Wesenheiten zu suchen sein, die mit der Erdentwicklung verbunden sind. In den letzten beiden Dezennien bin ich einige Male mit Wesenheiten in Berührung gekommen, die denen ähneln, die mir im Labyrinth gezeigt wurden. Ich habe sie auch in gewissen Träumen als mit besonderen Fähigkeiten ausgestattete Wesen erfahren, denen es möglich wäre, der Menschheit einen Weg aufzuzeigen, wie sie sich aus der aktuellen, katastrophalen und selbst verschuldeten Lage befreien könnte.

Meine erste Begegnung mit diesen Wesenheiten hatte ich in Irland, als ich zusammen mit einem Freund, den Rücken an eine besonders eindrucksvolle Felswand gelehnt, meditierte. In meiner Imagination öffnete sich die Wand hinter meinem Rücken und ich sah dahinter menschenähnliche Wesen, die geschäftig ihren Aufgaben nachgingen. Sie waren aber weder Menschen noch deren Seelen. Sie gaben mir zu verstehen, dass sie eine parallele Evolution darstellten, die in ferner Vergangenheit mit der Menschheit kooperierte und dabei wichtige Impulse für die menschliche Entwicklung gegeben hätte. Mit ihrer Erscheinung in menschlicher Gestalt zeigten sie mir zum einen, dass sie sich von den Elementar- oder Geistwesen unterschieden, zum anderen brachten sie damit einen – von mir damals noch unverstandenen – Zusammenhang ihrer und der menschlichen Evolution zum Ausdruck.

Ein Verständnis zur Identität dieser Wesenheiten entwickelte sich bei mir erst nach der Lektüre des Büchleins von John Mathews, in dem er von seinen

Gesprächen mit den Sidhe (Aussprache: Schi) in Irland berichtet. Der Autor zahlreicher Bücher über die Kelten kannte natürlich die Sidhe aus der Keltischen Mythologie. Sie werden dort als ein Feenvolk beschrieben, das sich nach der Eroberung Irlands durch die Kelten in die inneren Dimensionen des Landes zurückgezogen hat.

In der Irischen Mythologie werden sie auch als „Leute der Göttin Danu" bezeichnet -Tuatha De Danann (Aussprache: Tüa de Danan). Nachdem sie besiegt worden waren, verwandelten sie sich in ein Feenvolk, das seither an Kraftorten in der Landschaft lebt, um für diese zu sorgen. Es heißt, sie hätten an Stellen, wo das menschliche Auge nur grüne Hügel und Ruinen alter Heiligtümer sieht, ihre unsichtbaren Paläste erbaut, um diese Orte durch ihre Rituale weiterhin zu beleben.

John war überrascht als die Sidhe sich ihm – ähnlich wie mir damals in Irland – als relativ verkörperte Wesenheiten zeigten, frei von jedem mythologischen Nimbus. Sie erklärten ihre enge Verwandtschaft mit den Menschen und betonten ihre Bereitschaft, der Menschheit als ihrer Schwesternevolution – aus der schwierigen Situation herauszuhelfen, die diese für sich selbst und die gemeinsame planetarische Heimat heraufbeschworen hätte.

Noch mehr Klarheit zur Rolle der Sidhe brachte mir das Buch meines Freundes David Spangler aus den USA. Da ich ihn seit 1971 kenne, als ich in Findhorn, Schottland seine Vorträge zum Thema des Christus hörte, darf ich ihm mein volles Vertrauen schenken. Auch sein Kontakt zu den Sidhe kam völlig unerwartet zustande und entwickelte sich letztlich zu umfangreichen Gesprächen, die im Jahr 2014 als „Conversations with Sidhe" erschienen sind.

Durch die Gespräche mit Mariel, einer Sidhe Frau, wurde die Verwandtschaft zwischen den zwei Evolutionssträngen noch deutlicher definiert. Es heißt, dass beide als aus der Sternenwelt stammende Evolutionen sich der Erde genähert und Gaia angeboten hätten bei der Entwicklung ihres irdischen Universums Unterstützung zu gewähren, um dabei auch gleichzeitig neue Erfahrungen für ihre eigene Entwicklung zu machen. Beide wurden in der Tat in die Erdevolution integriert. Es kam jedoch mit der Zeit zu einer Differenzierung, wobei die heutigen Menschen, sich mehr um das Eintauchen in die Welt der Materie interessierten, die Sidhe sich jedoch mehr um die schöpferischen Potenziale der

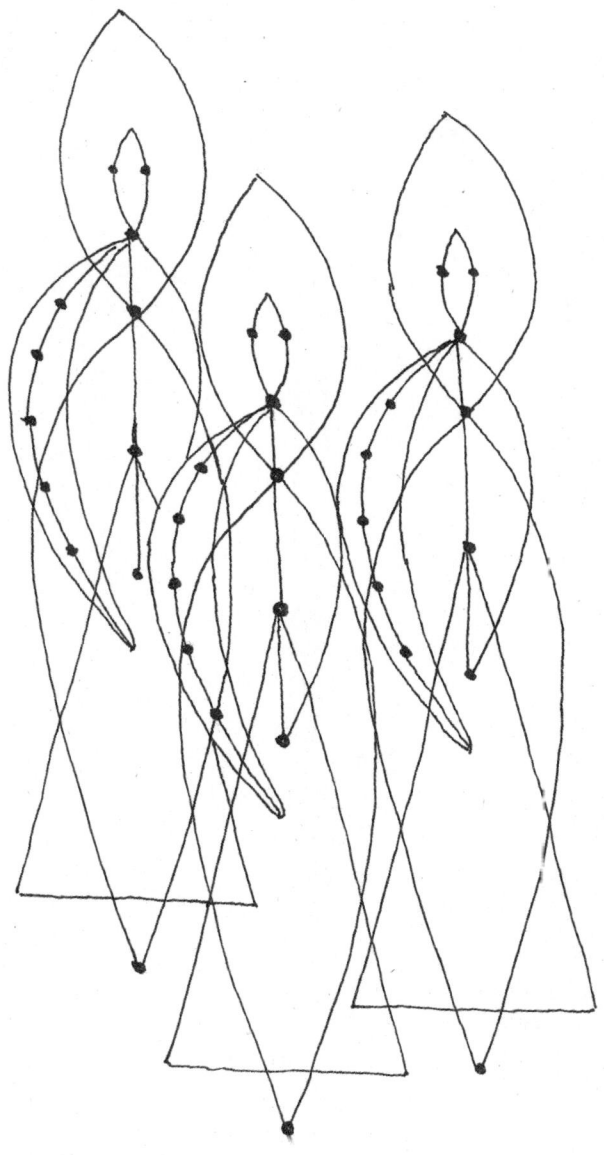

Die Sidhe Wesenheiten, wie ich sie im Labyrinth Ravne wahrgenommen habe

subtilen Ebenen von Gaia gekümmert hätten. Diese binäre Entwicklung hat dazu geführt, dass beide Evolutionsstränge immer mehr auseinanderfielen und sich letztendlich aus den Augen verloren. Daher rührt auch unsere eigene Entfremdung von unserer sinnlichen Wahrnehmung, die uns Menschen in eine einseitige Verstandeswelt eingeschlossen hat, was dazu führte, dass wir anfingen die Erde rücksichtslos zu dominieren und auszubeuten. Die aktuellen Versuche der Sidhe, sich uns Menschen anzunähern, gehen von ihrer Überzeugung aus, die von den Menschen eingeschlagene selbstzerstörerische Richtung umkehren zu können, um gemeinsam mit uns das Tor zu einer neuen Epoche der Erdentwicklung aufzustoß. Durch die zur Zeit intensiv ablaufenden Erdwandlungsprozesse sind Gaia und ihre Mitschöpfer bereits dabei, dafür die notwendigen Grundlagen zu schaffen.

Feenartige Aspekte des Menschen

Wenn mir als Wesen Mensch Wissen von äußeren Quellen zuströmt, bin ich mir bewusst, dass dieses für mich deshalb einen tieferen Sinn ergibt, weil ich als autonomes Wesen in meinem Innern damit in Resonanz trete. Deshalb stellt sich für mich die Frage, welcher Aspekt meines Menschseins den blauen Wesenheiten aus der Feenwelt entspricht, deren Präsenz ich im Labyrinth Ravne wahrgenommen habe; dasselbe gilt auch für die Wesenheiten, die Sidhe genannt werden.

Ich habe bereits kurz erwähnt, dass das allumfassende Gaia Bewusstsein für die menschliche Existenz genauso sorgt wie für einen Baum, ein Tier oder eine Landschaft. Die Fürsorge von Gaia hat auch im Fall des Menschen nicht nur eine mentale Form, sondern verkörpert sich in der Gestalt des persönlichen Elementarwesens. Es hat natürlich keine feste Form, damit es sich frei durch den Wasserkörper des Menschen bewegen und für den optimalen Zustand und das Wohlbefinden unseres Organismus sorgen kann.

Wenn das Bewusstsein des gegebenen Menschen es zulässt, kann das persönliche Elementarwesen einer zweiten Phase seiner Existenz zustreben, die den Wesenheiten fünften Elements gleicht. Es wird dann zum persönlichen elementaren Meister, der die Weisheit und das Wissen hat, den Menschen bei der Verwirklichung seiner Rolle innerhalb des Erdkosmos zu unterstützen. In dieser Meisterrolle gleicht das persönliche Elementarwesen den blauen Feenwesen, mit denen ich im Labyrinth Ravne gesprochen habe.

Ganz anders empfinde ich die Resonanz der Feenwelt der Sidhe innerhalb des integralen Menschenwesens. Hier haben wir es nicht mit einer unterstützenden Wesenheit im Haus unseres eigenen Körpers zu tun, sondern mit einem Aspekt unserer Identität.

Die Identität des Menschen nehme ich als ein komplexes Urmuster wahr, einer Rosette gleich, wie wir sie oft in der Fassadenmitte der gotischen Kathedralen finden. Dieses Muster unserer Identität ist in der Erinnerung der Erde eingeschrieben; es liegt sozusagen unterhalb unserer Füße und repräsentiert somit einen entscheidenden Aspekt unserer Erdung. Gleichzeitig pulsiert die Rosette unserer Identität auch in einer bestimmten Dimension unseres Kausalkörpers, der auch als Körper unserer Seele aufgefasst werden könnte.

Die Rosette des Wesens Mensch ist mehrfach gegliedert. Das Muster, das sich um deren Rand herumzieht, verstehe ich im Sinne eines individuellen Urmusters für jeden einzelnen Menschen, seiner jeweiligen Inkarnation angeglichen.

Der zentrale Aspekt des menschlichen Urbilds entspricht dem Menschen als einer Wesenheit des irdischen Kosmos; diese Charakterisierung betrifft alle, die der menschlichen Gattung angehören. Sie bestimmt, wer der Mensch an sich ist und was den Sinn seiner Existenz im Universum ausmacht. Durch die Bewusstwerdung dieses Teils unserer Matrix könnten wir Menschen uns selbst in unserer Ganzheit wiederfinden. Leider ist diese wichtigste Ausprägung unserer Identität durch die Ausrede verdrängt worden, wir könnten aufgrund unseres freien Willens tun, was wir wollten. Die katastrophalen Folgen dieser kollektiven egozentrischen Haltung brauchen gar nicht erst aufgezählt zu werden.

Darüber hinaus möchte ich noch auf einen dritten Aspekt der menschlichen Matrix hindeuten, der in Resonanz mit dem Feengeschlecht der Sidhe steht. Meine Tochter Ajra hat es in ihrem Buch „Von der Ewigkeit berührt" das elementare Ich genannt. Damit ist die Identität des Menschen als einer Wesenheit des Erdkosmos gemeint, die von einer Verkörperung zur nächsten aufrecht erhalten und weiter entwickelt wird. Ich bezeichne es auch als das „feenartige" oder das elementare Selbst des Menschen".

Aufgrund unserer elementaren Identität sind wir Menschen mit den Sidhe ebenbürtig; wir repräsentieren zwei schwesterliche Stränge der Gaia Evolution. Unglücklicherweise ist der feenartige Aspekt unserer Matrix fast vollkommen vergessen, blockiert, traumatisiert und in die Tiefen des menschlichen Unterbewusstseins verdrängt worden. Es ist jener Teil unseres Wesens, der uns Menschen zum Hüter des Lebensfadens bestimmt. Statt dieser Aufgabe gerecht zu werden, bekriegen wir uns untereinander und durch das ständige Blutvergießen berauben wir Gaia ihrer Lebenskraft, um sie für den Erhalt unserer Machtsysteme zu missbrauchen. Wenn wir Menschen unser feenartiges Selbst nicht verleugneten, würde es uns in eine Wesenheit der Wahrheit transformieren und wir könnten uns an der Gestaltung der Erde zum Paradiesgarten Gaias beteiligen.

Und die Rolle des Menschen?

Betrachten wir den Menschen durch den dargestellten weiten Blickwinkel, so können wir erahnen, dass er bei der Schöpfung des Pyramidenkomplexes beteiligt war. Diese Ahnung steht im offensichtlichen Gegensatz zu der offiziellen Geschichtsschreibung, welche die Menschen dreißig tausend Jahre zuvor – zur vermuteten Entstehungszeit des Systems von Visoko – in den Höhlen von Altamira und Lascaux hausen sieht. Denn wie sollten diese urigen Menschen bei der Schöpfung eines so feinen Systems mitgewirkt haben?
Der scheinbare Gegensatz zeigt das Unverständnis der modernen Wissenschaft, die nicht versteht, dass der Mensch ein binäres Wesen ist und auf zwei Ebenen des Erdkosmos relativ gleichzeitig existiert. Einerseits sind wir in der Welt der Materie verkörpert, andererseits leben und wirken wir als Seelen in der so genannten Welt der Ahnen und Nachkommen – kurz „die geistige Welt" genannt. Wir kreisen zwischen diesen beiden Dimensionen unserer Existenz. Einmal sind wir tätig auf der manifestierten Ebene des Raums und

ein anderes Mal auf der kausalen Ebene. Beide Ebenen entsprechen der Wirklichkeit und sind sowohl für unsere Evolution als auch für die des irdischen Universums von (immenser) Bedeutung.

Heutzutage sind diese beiden Ebenen der menschlichen Existenz scharf voneinander getrennt. Doch das sollte nicht so sein. Es ist eine tragische Folge der Bewusstseinsspaltung, die in den verkörperten Menschen aufbrach, nachdem sie die Führung ihres Lebens immer mehr dem Verstandesdenken unterordneten. Problematisch ist dabei nicht der Verstand an sich, sondern die Tatsache, dass er nur einen winzigen Teil unserer Bewusstseinskapazität darstellt. Wie könnte ein von der Ganzheit abgebrochener Teil das Ganze begreifen und uns sinnvoll durch das Universum des Lebens geleiten?

Bei der Gestaltung eines Kosmogramms für die Sonnenpyramide erschien mir diese plötzlich in ihrer gewaltigen Gestalt und öffnete mir ihren Brustraum. Dort sah ich zwei Gestalten, deren Gesichter sich soweit annäherten, dass ein drittes daraus entstand. Ich verstehe dies als Hinweis, dass neben den Elementarwesen des fünften Elements und dem Sidhe Geschlecht gleichermaßen auch Menschenwesen in ihrer „geistigen" Phase an der Schöpfung der Pyramide beteiligt waren. Ich setze das Attribut „geistig" in Anführungszeichen, weil ich sicher bin, dass in jener Epoche die geistige Phase des Menschen auch manifeste Aspekte beinhaltete, ähnlich wie bei den feenartigen Wesenheiten.

Die beiden synchron verlaufenden Rollen des Menschen kann man in Hinblick auf das Pyramidensystem von Visoko folgendermaßen verstehen. In der Epoche, die zeitgleich mit dem Aufbau von Visoko verlief, lernte der verkörperte Mensch sich in der Materie und unter Pflanzen, Mineralien und Tieren zurechtzufinden. Der menschliche Körper musste eine bestimmte Stufe seiner Entwicklung erreichen, damit alle kreativen Fähigkeiten des Menschenwesens ihren Ausdruck finden könnten. Nur so vorbereitet konnte der Mensch für die Weiterentwicklung der Schöpfung von Gaia nutzbringend sein.

Gleichzeitig entwickelte der Mensch zusammen mit seinen feenartigen Gefährten die Raum- und Zeitstruktur des irdischen Universums, damit die zukünftige Geokultur sich nach und nach entfalten konnte. Zu diesem Zweck

*Der Mensch existiert auf zwei unterschiedlichen
Ebenen des Erdkosmos gleichzeitig*

war es nötig so komplexe Systeme wie das von Visoko zu erbauen, damit diese den Erdraum auf der manifesten Ebene so weit transformierten, dass sich die zukünftige Kultur vielschichtig darin entwickeln konnte. Diese nenne ich „Geokultur", weil sie eine Kultur darstellt, in der alle Aspekte des Erdkosmos miteinander kommunizieren, um in Frieden und Kooperation miteinander zu leben, wobei die Tore zwischen den verschiedenen Dimensionen von Raum und Zeit nach Bedarf geöffnet werden können.

Phänomene von Visoko

Keramische Megalithen

Da wir gerade vom Urmuster des integralen Menschenwesens sprechen, möchte ich an die keramischen Megalithen erinnern, die während der Ausgrabungen des Labyrinths Ravne gefunden wurden. Es muss noch viele geben, die unter der dicken Schicht der Bresche begraben liegen. Wie oben erwähnt sehe ich sie ursprünglich frei in der lichten Atmosphäre des Erdkörpers schweben, bevor dieser sich mehr und mehr verdichtete. Wie Planeten eines Sonnensystems sehe ich sie um die Mitte der heutigen Sonnenpyramide schweben und dabei eine bestimmte Konstellation bilden.

Meine Intuition sagt mir, dass in ihrem Gedächtnis die urbildliche Matrix des irdischen Universums samt all seiner Dimensionen eingeschrieben ist; wir könnten auch von der „Lebensmatrix Gaias" sprechen. Meiner Wahrnehmung nach sind holographische Teilstücke dieses für die gesamte Erdentwicklung höchst bedeutsamen Urmusters in den einzelnen keramischen Megalithen kodiert. Nur wenige wurden bislang gefunden und doch wirkt die Rosette der Lebensmatrix Gaias noch heutzutage wie eine ungebrochene Einheit (Ganzheit).

Entscheidend für mein Verständnis der keramischen Megalithen war die Begegnung mit dem als K4 bezeichneten Megalithen im Labyrinth Ravne, als wir im Juli 2016 mit einer internationalen Gruppe an der Errichtung eines Geopunkturkreises in Visoko arbeiteten. Dabei entwickelten wir sogenannte

Kosmogramme als „Kraft- und Bewusstseinszeichen" für verschiedene Aspekte und Wesenheiten des Pyramidensystems; das werde ich später noch erläutern. Ich hatte es mir zum Ziel gesetzt, ein Kosmogramm zu gestalten, das auf die keramischen Megalithen wie eine Einladung wirken sollte, ihre Präsenz in der gegenwärtigen Epoche der planetaren Wandlung stärker zum Ausdruck zu bringen.

Dazu suchte ich im Labyrinth den mit K4 bezeichneten Megalithen auf, um von ihm eine Inspiration für das Kosmogramm zu empfangen. Kraft meiner Imagination rutschte ich ganz langsam durch den Megalithen; zu meiner Überraschung stellte sich der horizontal liegende Megalith aufrecht hin und zeigte mir dabei seine Rückseite. Gleichzeitig verwandelte sich seine scheinbar stumme Form in das mit Leben durchströmte Gesicht eines uralten Weisen. Schneeweiße Haare umrandeten sein Antlitz, durch das ich die Weisheit der Ewigkeit durchscheinen sah.

In seiner Mitte zeigte mir der Weise ein Kosmogramm, bei dem eine weibliche und eine männliche Gestalt so miteinander verwoben waren, dass sie gemeinsam das Unendlichkeitszeichen, eine Lemniskate, bildeten. Ich sehe darin das vollkommene, sich künstlerisch ausdrückende Gleichgewicht zwischen dem weiblichen und dem männlichen Aspekt des Universums. Dahinter spüre ich auch das Urmuster, durch den die zwei aufeinander polarisierten Evolutionen, die der Sidhe und der Menschen in einer interaktiven Balance gehalten werden. Das mag das holographische Teilstück der Lebensmatrix sein, das der Megalith K4 im Gesamtmuster präsentiert.

Ganz anders erlebte ich den Megalithen K2. Er zeigte sich mir als eine fantastisch aussehende Kröte; dabei war seine innige Beziehung zu Gaia, der Erdseele, nicht zu übersehen. Die Funkion des Megalithen K2 innerhalb der Lebensmatrix scheint die Übersetzung der schöpferischen Ideen Gaias auf die manifeste Ebene ihres Universums zu ermöglichen. Ich sehe, wie vom Megalithen permanent helle Kügelchen in den umgebenden Raum abgegeben werden. Darin mag die entsprechende Information enthalten sein.

Für mich stellen die keramischen Megalithen wundervolle Samen einer Jahrmillionen andauernden Evolution dar, welche die Erde zu einem Planet werden lässt, auf dem sich das Leben in unzähligen Formen verkörpern kann.

Kosmogramm aus dem Geopunkturkreis Visoko, das die Vision des aufgerichteten Megalithen mit dem Gesicht des uralten Weisen präsentiert

Diese riesigen Samen sind Träger des Wissens um die Prinzipien der Verkörperung. Zu diesen Zweck generieren sie bestimmte Bedingungen, die zum einen die mehrdimensionale Struktur von Raum und Zeit entstehen lassen, zum anderen entwickelt sich durch ihre Samen das ursprüngliche Lebensplasma, womit die unzählige Familien der Mikroben gemeint sind, das sogenannte Mikrobiom, durch das das Potenzial des organischen Lebens aufrechterhalten wird.

Ich bin mir sicher, dass die Megalithen von Visoko auch die Fähigkeit beinhalten, das integrale Bewusstsein der neu sich offenbarenden Erd- und Menschheitsentwicklung zu initiieren. Das wird jedenfalls nur möglich sein in Kooperation mit einer breit aufgestellten Gruppe von Menschen, die sich ihrer Bedeutung bewusst sind und bereit, die Erde in ihrer neuen Rolle zu unterstützen.

Das Labyrinth Ravne

Zum Labyrinth Ravne hatten wir schon von den Elementarwesen Auskunft erhalten, die sich mir in dem imaginierten Gespräch in den unterirdischen Gängen als die Erbauer des Pyramidensystems zu erkennen gaben. Sie hatten uns erklärt, dass die vielen Tunnel das reich verzweigte Wurzelsystem der Sonnenpyramide darstellen. Am Anfang sind die Wurzeln der Pyramide im Konglomerat als Gänge manifestiert. Danach verlaufen sie in einer feinstofflichen Form weiter und umspannen einem feinen Netzwerk gleich die Erde.

Später erlebte ich sie auch als eine Art Beschleunigungssystem der großen Pyramide, das die Bewusstseins- und Kraftimpulse der Pyramide verstärkt, um sie zu befähigen auf ihrem Weg in die manifestierte Welt die ganze Erde zu umspannen. Das ermöglicht die weltweite Verbreitung des Urmusters der Gaia Schöpfung, deren Kode sich den keramischen Megalithen eingeprägt hat. In diesem Sinne übernimmt das Wurzelsystem eine Aufgabe, die der Funktion der Blutadern beim Menschen ähnelt, und durch die die Essenz und die schöpferische Kraft des Lebens in die ganze Welt hinausgetragen wird. Die vielen Berichte von Menschen, die durch den Aufenthalt in den Tunneln eine Heilung ihrer körperlichen Beschwerden erlebt haben, erkläre ich mir so: Es ist wie ein Bad in einem intensiven Strom der Lebenskraft.

Während der späteren Arbeit am Geopunkturkreis in Visoko wurde mir noch eine tiefere Ebene des Labyrinths vermittelt. Interessanterweise wurde genau zu diesem Zeitpunkt ein neuer Eingang geöffnet, der in unbekannte Räume führt, die sich ungefähr 80 Meter unterhalb des Labyrinths befinden sollen.

Damals hatte ich folgenden Traum: Ein Vater kommt in eine ferne Stadt, um seinen Sohn zu besuchen, der dort studiert. Er durchsucht alle Studentenheime, findet aber seinen Sohn nicht. Letztendlich erblickt er ein altes Gebäude mit einem breiten und niedrigen Eingang, der in eine Ebene unterhalb des Erdgeschosses führt. Über dem bogenartigen Eingang ist mit großen Buchstaben das Wort „Dormitorium" eingemeißelt. Mir als Träumer kommt es sinnlos vor dort zu suchen, denn der Raum dahinter scheint leer zu sein. Doch der Vater ruft in dem Moment: „Mein Sohn!" und rennt ihm durch den Torbogen entgegen.

Während der meditativen Arbeit an der Entzifferung der Traumbotschaft öffnete sich mir der Einblick in die Ebene, die ein Stockwerk tiefer liegt als das Labyrinth selbst: Ich entdecke dort eine unübersehbare Menge der Feenwesen in tiefem Schlaf am Boden liegend.  Unentwegt werden sie von ihren Feengefährten „gefüttert", ähnlich wie Bienen ihre Brut im Wabenbau füttern. Zum Begriff „Dormitorium" möchte ich anmerken, dass der Schlafraum der Mönche in Klöstern so bezeichnet wird.

Intuitiv verstand ich, dass der Schlafzustand der Sidhe eine Voraussetzung dafür ist, sich der verkörperten Welt so weit anzunähern, um sie kreativ mitgestalten zu können. Denn sonst wäre die manifeste Welt mit ihrer relativ tiefen Schwingungsphase für sie unerreichbar.

Im umgekehrten Sinne geht es uns Menschen manchmal genauso. Oft sind wir nur im Schlaf fähig die hohen geistigen Ebenen des Erdkosmos zu erreichen, um Einblicke in Lebensvorgänge zu erlangen, die für uns sonst unerreichbar wären. Ohne den gerade erwähnten Traum könnte ich mir zum Beispiel der unteren Ebene des Labyrinths nicht bewusst werden.

Um die Funktion des Dormitorium für das Feenvolk zu verstehen, möchte ich die Lichtmuster erwähnen, die von der Sonnenpyramide über mehrere horizontale Schichten verbreitet werden. Sie waren in den vorherigen Jahren

Das Dormitorium des Labyrinths Ravne

nicht wahrnehmbar. Ist dies vielleicht ein Zeichen dafür, dass das Dormitorium erst kürzlich wieder aktiv wurde?

Ich deute das Dormitorium des Labyrinths Ravne als eine Art Weberei, in der ein subtiles Gewebe erschaffen wird, das sich durch die Kraft der darüber stehenden Sonnenpyramide in der Welt ausbreitet. Dieses Gewebe erinnert mich an die Funktion eines Wabenbaus der Bienen: Die Bienenkönigin kann darin für die Erschaffung der neuen Brut ihre Eier ablegen; gleichzeitig dient er als Speicher für den Honig.

Einen ähnlichen Zweck erfüllt das Gewebe, das im Dormitorium gewebt und mittels der Pyramide ausgebreitet wird. So entsteht im Raum eine vielschichtige subtile Struktur, in der die Elementarwesen der vier Elemente all die Phänomene der verkörperten Welt ausbrüten können, damit diese sich zu optimalen Schönheit und Lebendigkeit entwickeln können.

Die Sonnenpyramide

Die sogenannte Sonnenpyramide erblickte ich erstmals im Jahr 2006, als die Ausgrabungen an ihrem Mantel gerade erst begannen. Schon von weitem ließ sie ihre innere Kraft erkennen, den Eindruck eines schlafenden Vulkans hervorrufend.

Nachdem ich sie aus der Nähe erspürt hatte, wurde ich mir ihres Urmusters bewusst, das ich schon bei anderen Pyramiden, zum Beispiel bei denen aus Ägypten oder Mexiko, erkannt hatte. Es handelt sich um den Archetyp des Davidsterns, bei dem sich zwei Dreiecke überschneiden. Die sichtbare Pyramide mit ihrem mineralischen Körper steht für das Dreieck, das aus dem Innern der Erde Richtung Himmel emporwächst. Das umgekehrte Dreieck repräsentiert die sich aus dem Universum Richtung Erdmitte hinunterlassenden Kräfte und Wesenheiten. Die Wahrnehmung des Archetyps des Davidsterns bestärkte meine Einschätzung, dass es sich tatsächlich um eine Pyramide handeln könnte. Ihre Wirkung auf mich äußert sich in der Empfindung, in meinem Menschsein vollständig erkannt und innerlich aufgerichtet zu werden.

Später habe ich das Urmuster des Davidsterns auch an der Art und Weise erkannt, wie die Pyramide nach außen wirkt. An ihrem Gipfel sehe ich ein breites Bündel goldener Säulen aus dem Erdinneren aufsteigen. Nachdem das Bündel aufwärts strebend eine bestimmte Höhe erreicht hat, kommt es zu einer Interaktion mit den vom Himmel Richtung Erde drückenden Kräften. Dabei werden die Lichtsäulen wie ein Stern in die Horizontale gespreizt, so dass das aufrecht stehende Bündel der Säulen in einen Verteiler verwandelt wird, durch den die miteinander verwobenen Qualitäten von Erde und Himmel zu allen Seiten des planetarischen Raums verteilt werden.

Ich bin mir bewusst, dass keine der geschilderten Erfahrungen die Essenz der Sonnenpyramide vollständig erfassen kann. Um sich ihrem mehrdimensionalen Wesen annähern zu können, müssen wir Wahrnehmungen aus verschiedenen Blickwinkeln sammeln. Als ich bei einer anderen Gelegenheit die Sonnenpyramide von weitem durch eine Gaia Touch Geste umarmte, wurden mir weitere Einsichten zuteil. Mit dem Namen „Gaia Touch" benenne ich ein Set von Körperübungen, die ich von den elementaren Wesenheiten verschiedener Orte und Landschaften gelernt habe. Die meisten beschreibe ich in meinem Buch „Universum des menschlichen Körpers". Bei der erwähnten Übung strecke ich meine Arme horizontal aus und lege sie imaginativ um den Berg. Danach bringe ich sie näher an die eigene Herzmitte und drücke dabei den Berg an mein Herz und überlasse mich ohne jedes Zögern der imaginativen Wahrnehmung.

Als ich die Pyramide näher an mein Herz bringe, zeigt sie sich als ein gewaltiger pyramidaler Kristall, viel höher und breiter, als meine physischen Augen sie sehen. Danach leite ich ihre Präsenz durch den Herzraum hindurch in meinen Rückenraum. Als ich sie hinter meinem Rücken wahrnehme, verwandelt sie sich in eine Wesenheit, in der ich ihre enge Verwandtschaft mit Gaia erkenne, und zwar an der Art und Weise, wie ihre Gestalt ständig aus der Erdmitte „hochgeschraubt" wird. Auch kann ich spüren, dass im Innern der Pyramide mehrere Hohlräume mit Sidhe Wesenheiten bevölkert sind. Sie geben sich mir als solche zu erkennen, indem sie sich in menschenähnlicher Gestalt zeigen, so wie ich sie aus Irland kenne; darüber hatte ich oben berichtet.

Um das Wesen der Sonnenpyramide besser zu erfassen, sollte sie in der Interaktion mit anderen Phänomenen betrachtet werden, die zu ihrer Gesamt-

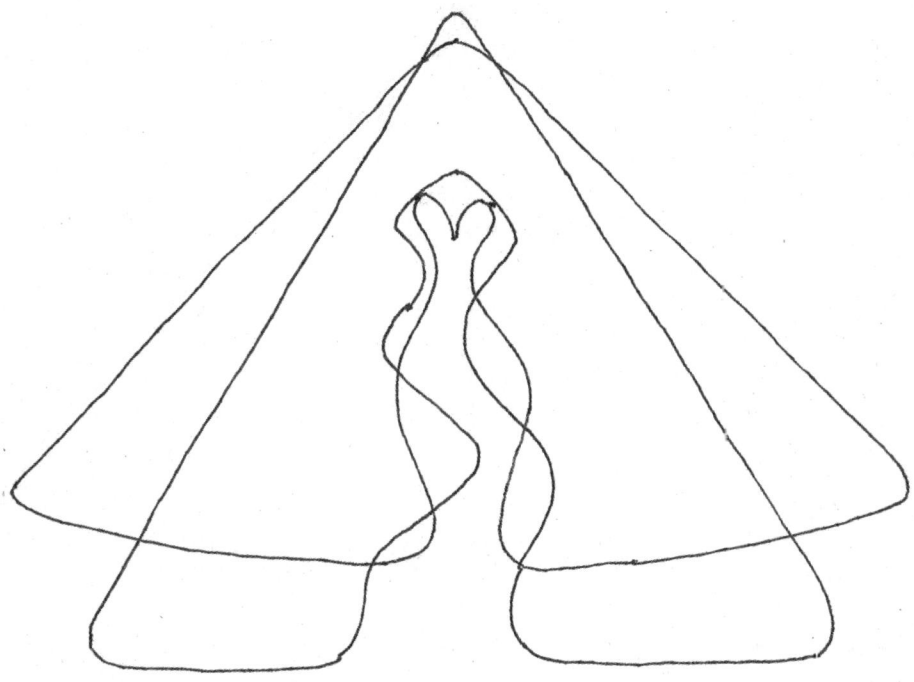

Die Gestalt von Gaia in der Mitte der Sonnenpyramide

gestalt gehören. Dem Labyrinth und den keramischen Megalithen haben wir schon unsere Aufmerksamkeit geschenkt. Es gehören zur Komposition der Pyramide noch das Ritualplateau an ihrer Rückseite und ihr lang gezogener „Schwanz" in Form eines Drachenrückens, der „Zvonik" genannt wird. Die Ruinen des Schlosses, das im Auftrag von bosnischen Königen auf dem Gipfelplateau der Sonnenpyramide errichtet wurde, möchte ich hier außer Acht lassen.

Das breite Ritualplateau befindet sich auf halber Höhe der Pyramide hinter ihrem Rücken. Einen kurzen Augenblick lang nahm ich an der Ebene des Plateaus wahr, wie der Pyramidenkörper leicht in die Höhe gezogen wurde, so dass ein Spalt entstand durch den das innere Licht der Pyramide nach außen strahlen konnte. Dies lässt den Gedanken zu, dass dort auf dem Plateau eine Kommunikation zwischen dem Feenvolk im Innern der Pyramide und Menschenstämmen, die dorthin pilgerten, stattfinden konnte. Ich könnte mir vorstellen, dass dort bestimmte Rituale gefeiert wurden, die eine Begegnung der zwei Evolutionen ermöglichten.

Der Drachenrücken von Zvonik

Der Drachenrücken von Zvonik (sprich „Swonik") windet sich vom Ritualplateau aus in einem breiten Bogen einige Kilometer weit bis zu dem Bereich von Ravne hin, wo der von uns gestaltete Geopunkturkreis unterhalb des Eingangs zum Labyrinth steht. Mit dem Begriff des Drachenrückens werden in der Geomantie lang gezogene, steile Bergrücken benannt, an deren enger Gipfelpartie eine starke Ausstrahlung zu spüren ist. Es handelt sich um die Ausstrahlung der Urkräfte Gaias, der sogenannten Drachenkräfte. Sie repräsentieren die potenten Kräfte der Erdmitte, durchdrungen von der kreativen Weisheit der Erdschöpferin Gaia. Die moderne Wissenschaft nennt sie „Atomkraft" und übersieht dabei das wesentliche, dass es hier vor allem um das kosmische Bewusstsein des Planeten Erde geht.

Die Drachenkräfte von Zvonik haben meines Erachtens die Aufgabe einen Raum aufrecht zu halten, durch den der Pyramidenkomplex von Visoko mit verschiedenen Dimensionen und Wesenheiten des irdischen Universums kommunizieren kann. Dabei geht es um einen aktiven Austausch von Kraft und Bewusstsein, der das Pyramidensystem in jedem neuen Moment auf die kosmische Uhr einstimmt. Ich meine damit jenes Bewusstsein, das die Bewegung der kosmisch-irdischen Zyklen leitet und koordiniert.

Andererseits erkenne ich im Bergrücken von Zvonik ein Wesen der Offenbarung, das durch unzählige Zungen verschiedenste Wesenheiten des Erdkosmos anspricht und sie über den im Bauch von Europa verlaufenden Schöpfungsprozess informiert. Diese Funktion ist besonders am Kopf des „Schwanzes" stark ausgeprägt. Dort wurden auch einige Eingänge gefunden, die offensichtlich in das Innere des Drachenrückens führen.

Bezogen auf den Körper des Menschen entspricht der Drachenrücken von Zvonik der Verbindung zwischen Bauch und Kehle, die durch die persönliche Kausalebene verläuft, bildlich gesprochen durch den Rückenraum des Menschen. Aufgrund dieser beim modernen Menschen weitgehend blockierten Verbindung wird das kreative Wort am Kehlkopf erzeugt und durch die Drachenkraft der Bauchhöhle kraftvoll in die Welt getragen. Wenn diese Verbindungslinie ausfällt, werden die schöpferischen Taten des Menschen unvollkommen und nur von kurzem Dauer sein.

Die Fähigkeit des Drachenrückens von Zvonik Botschaften zu empfangen und weiter zu leiten ist auch der Grund, warum wir im Jahr 2016 unmittelbar vor seinem Kopf einen Geopunkturkreis errichtet haben. Diese Kunstinstallation soll den Dialog zwischen dem Pyramidensystem von Visoko und seinen Wesenheiten unterstützen. Zum einen wollen wir ihnen die Gewissheit vermitteln, dass wir als moderne Menschen die Zusammensetzung des Pyramidensystems verstehen und ehren, zum anderen wollen wir das mehrschichtige Bewusstsein des Komplexes an seine möglichen Aufgaben erinnern, die innerhalb der gegenwärtigen Erd- und Menschenwandlung auf sie zukommen.

Dunkle Wolken

Ich finde es wichtig, dass auch die Schattenaspekte des Offenbarungsprozesses von Visoko angesprochen werden. Es geht nicht nur darum, dass die Überreste einer uralten Zivilisation dort entdeckt und zur Schau gestellt werden. Ich bin auch fest davon überzeugt, dass wir es in Visoko mit einem höchst potenten Kraft- und Bewusstseinssystem zu tun haben, durch das die schöpferischen Prozesse auf Erden enorm beschleunigt – oder umgekehrt – gebremst werden könnten.

Folglich ist es nicht schwer zu verstehen, dass solch ein System zur Kontrolle über die lebens- schöpfenden Prozesse von Gaia missbraucht werden könnte. Auch ist es durchaus vorstellbar, dass es in der langen Geschichte von Visoko solche Versuche bereits gegeben hat.

Die Sonnenpyramide zeigte mir in einer Eingebung ein Ereignis aus der Zeitepoche, bevor sie in einen Berg verwandelt wurde. Ich sah, wie der zuvor vollkommene Kristallkörper der Pyramide Risse bekam und die Oberfläche zu zerspringen begann. Es bestand die Gefahr, dass das System von Visoko für falsche Zwecke genutzt wird. Deshalb wurden zum Schutz schwere Energieriegel eingeschoben: Das Labyrinth wurde zugeschüttet und die Pyramiden unter einem Erd- und Pflanzenmantel versteckt.

Ich deute dieses Ereignis im Zusammenhang mit dem Biblischen Mythos der Sintflut. Übersetzt in eine logische Sprache befand sich die damalige weltweit verbreitete Zivilisation – gewöhnlich wird sie „Atlantis" genannt – in einer zerstörerischen Phase, in der die Menschen versuchten die Lebenskräfte Gaias für ihre egozentrische Ziele zu missbrauchen. Die Sintflut könnten wir dahingehend deuten, dass Gaia ihre Schöpfung vor der Zerstörung schützen wollte, und deshalb ihre Kraftsysteme unter einem Mantel aus Naturformen versteckte. Sie wurden nicht vernichtet, sondern solange in einen Schlaf versetzt, bis eine neue Kultur entstehen und ehrlich und liebevoll genug sein würde, um den Paradiesgarten der Erde zu schätzen und zu schützen.

Diese Art des Versteckens finden wir überall in Visoko. Um sich der wahren Gestalt und Bedeutung des Komplexes von Visoko in der letzten Dekade annähern zu können, mussten sowohl die Entdecker, wie auch wir als Deuter des Systems, über viele Jahre hinweg unzählige Hürden beiseite räumen, die als Folge eines vielschichtigen Erbes unzähliger Traumata errichtet wurden. Nur Schritt für Schritt geht die Erforschung des Geländes (Pyramidenkomplexes) unter dem Druck der materiellen und geistigen Herausforderungen weiter.

Es gibt auch Anzeichen späterer Versuche, die über das System von Visoko gelegten Schutzhüllen durch Magie zu zerstören, um von dem Schatz, der dort für die Zukunft aufbewahrt wird, zehren zu können. Das braucht uns jedoch an dieser Stelle nicht zu interessieren.

Die Mond- und Drachenpyramiden

Die Sonnenpyramide von Visoko ist kein singuläres Phänomen in der Mitte der Bauchhöhle von Europa. Sie wird in ihrer Rolle wesentlich unterstützt durch zwei weitere pyramidenähnliche Erhebungen, die sogenannte Mond- und Drachenpyramide. Alle drei stehen in der Formation eines gleichseitigen Dreiecks, dass ihre Zugehörigkeit betont, obwohl ihre pyramidale Form stark verhüllt ist.

Die Benennung der Sonnen- und Mondpyramide kann missverständlich sein. Es wird behauptet, dass die beiden Pyramiden zueinander polarisiert sind. Mond und Sonne repräsentieren gewöhnlich zwei Pole im schöpferischen Prozess. Obwohl in deutscher Sprache weiblicher Natur steht die Sonne für das männliche (Yang) Prinzip des Kosmos. Ihre Strahlung ist permanent und relativ unveränderlich, was dem Wesen des männlichen Prinzips entspricht. Der Mond hingegen ist in einem ständigen Wandel begriffen und durchläuft verschiedene Phasen; dadurch wird er zum Symbol des weiblichen (Yin) Prinzips, das die zyklische Natur vertritt.

Die polarisierte Benennung der beiden Pyramiden kann jedoch zu einer Vereinfachung führen, als ob die Schöpfung einfach durch den binären Kode des Austauschs zwischen Yin und Yang zustande kommen könnte. Schon das Dreieck der drei Pyramiden lässt erahnen, dass es sich beim schöpferischen Prozess um eine dreifache Dynamik handelt, die auch die Rolle der Drachenpyramide miteinschließt. Die Teilung in zwei Pole riegelt den kreativen Prozess von den universellen Urquellen ab und macht ihn langfristig unproduktiv.

Die ursprüngliche Beziehung zwischen den drei Pyramiden enthüllte sich mir während einer Imagination: Die Mond- und Sonnenpyramide verwandeln sich in zwei riesenhafte Wesenheiten. Eine von ihnen hat einen goldenen Ball in der Hand und wirft diesen seinem Gegenüber zu, der ihn wiederum zurückwirft. Dieses Spiel wiederholt sich solange, bis einem der Spieler der Ball aus der Hand fällt. Er rollt daraufhin auf ein rundes schwarzes Loch zu, das sich unterhalb der Basis der Drachenpyramide befindet und verschwindet darin. Im selben Moment wird das ganze Dreieck aktiviert, denn ich sehe plötzlich die zwischen den drei Pyramiden verlaufenden Seitenlinien wie in den Boden eingeritzt.

Kurz darauf befindet sich der Ball wieder in der Hand eines der zwei Spieler und das Spiel beginnt von vorn. Ich verstehe dieses Bild so, dass zwischen den zwei aufeinander polarisierten Pyramiden eine ständige Interaktion stattfindet, ähnlich wie im Prozess der Zeugung der Austausch zwischen dem weiblichen und dem männlichen Pol. Diese Interaktion ist für mich eine Vorbedingung für eine angemessene Funktionsweise des Pyramidenkomplexes, wobei der Drachenpyramide eine spezielle Rolle zukommt: Ihr schwarzes Loch stellt ein interdimensionales Portal dar, durch das man in andere Dimensionen von Raum und Zeit gelangen kann. Offenbar sorgt die Drachenpyramide für eine Verbindung des Visoko Systems mit einem anderen Universum. Wenn Gaia die Mutter des irdischen Universum ist, so haben wir es hier mit einem Großmuttersystem zu tun.

Wenn ich der Kugel durch das schwarze Loch mit Hilfe meiner Imagination nachfolge, so erfahre ich, dass in diesem urmütterlichen Universum eine Erneuerung ihrer Kraft und Existenz stattfindet. Danach kann sie wieder im beschriebenen „Spiel des Lebens" hin und her springen, bis sie erneut für kurze Zeit im schwarzen Loch der Drachenpyramide verschwindet, um regeneriert zu werden.

Mit dem Begriff des interdimensionalen Portals wird in der Geomantie die Fähigkeit eines Ortes bestimmt, den Übergang zwischen den kausalen und manifestierten Dimensionen von Raum und Zeit zu ermöglichen. Die erwähnte Fähigkeit den Durchgang zum kausalen Universum zu öffnen wird bei der Drachenpyramide noch ergänzt durch die Möglichkeit des Zugangs zu den manifesten Ebenen, wo das Leben in konkrete Formen übergeht.

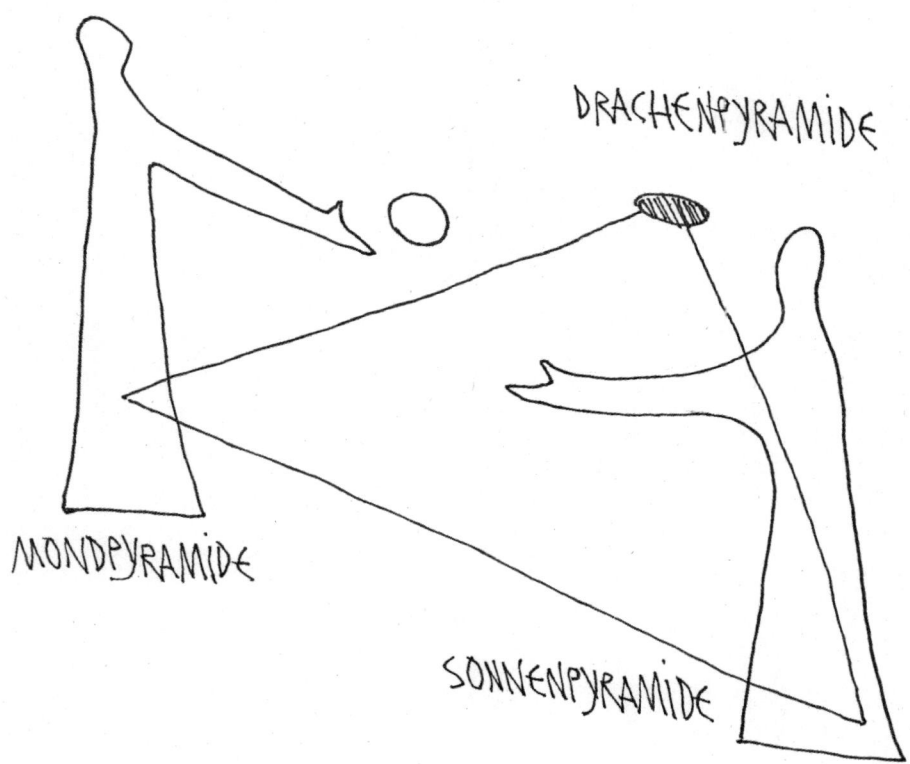

Das schöpferische Spiel zwischen den drei Pyramiden

Insofern ist die Funktion der Drachenpyramide unerlässlich, zum einen für die Erneuerung des schöpferischen Systems von Visoko, zum anderen um den kreativen Einfluss auf die sich manifestierende Ebene des irdischen Universums zu sichern.

Gaia die dreifache Schöpferin

Meines Erachtens wird es dem weiblichen Prinzip nicht gerecht, wenn die Mondpyramide nur in ihrer Beziehung zur Sonnenpyramide definiert wird. Sie hat auch ihre eigene Identität und selbstständige Rolle im System von Visoko. Darüber hinaus glaube ich nicht, dass die Sonnenpyramide innerhalb des Dreiecks den männlichen Aspekt vertritt. Ganz und gar nicht! Denn wir befinden uns in der Mitte des Mutterleibs von Europa und der Welt. Was hat da das männliche Prinzip zu suchen? Es gibt natürlich einen männlichen Pol in Visoko, der sich aber in Form eines eigenständigen kleineren Systems außerhalb des Pyramidendreiecks befindet. Es handelt sich um den Tumulus Vratnica, den wir später untersuchen werden

Das große Pyramidendreieck sehe ich eher im Zusammenhang mit dem Prinzip der dreigestaltigen Göttin. Dabei handelt es sich um den kosmisch anmutenden Zyklus, der für den weiblichen Aspekt des Göttlichen charakteristisch ist. Im Rahmen des irdischen Universums handelt es sich wohl um das dreigestaltige Wesen von Gaia.

Der Zyklus beginnt mit der Inspirationsphase, die der Tradition nach mit der weißen Frühjahrsgöttin gleichgesetzt wird; sie wird auch die „Jungfraugöttin" genannt. Ihre Rolle vertritt die Mondpyramide, bei der ich eine Säule komponiert aus paradiesischen Pflanzen und Jungfrauengestalten aufsteigen sehe. Als Grundqualität empfinde ich dabei die Kraft der Inspiration, die zum Beispiel den Keim einer Pflanze aus der Erde sich aufrichten lässt.

Die Sonnenpyramide stellt die zweite, die kreative Phase Gaias dar. Sie wird auch die rote Phase genannt und mit dem Hochsommer identifiziert. Wie bereits ausführlich dargestellt sind unter den Flügeln der großen Pyramide verschiedene Werkzeuge versammelt, die Gaia als Mutter der Schöpfung braucht, um kreative Prozesse auf Erden aufrecht zu erhalten und neu zu entwickeln. Dazu gehören das in den keramischen Megalithen kodierte kosmische Urmuster der Schöpfung ebenso wie das Labyrinth, in dem das Lebensgewebe gesponnen wird, als auch der Drachenrücken von Zvonik, der die Kommunikation mit der Umwelt ermöglicht.

Die dritte Phase der Göttin ist die schwarze Phase der Wandlung, die mit Spätherbst und Winterzeit gleichgesetzt wird. Die Qualität der Umwandlung ist im Pyramidendreieck durch die Drachenpyramide vertreten. Charakteristisch dafür ist die Fähigkeit der Drachenpyramide die schöpferischen Impulse – wie oben dargelegt – zur Regeneration in die Unterwelt zu führen. Auch die Kunst des Übergangs von einer zur anderen Ebene des Kosmos hat mit Umwandlung zu tun.

Eine übersichtliche Darstellung des gesamten Pyramidenkomplexes

Während des Gesprächs mit den Erbauern des Pyramidenkomplexes wurde die Lichtpyramide erwähnt, die alle drei bislang besprochenen Pyramiden miteinander verbindet. Wir sollten uns das so vorstellen, dass diese nicht materiell geformte Pyramide vom Himmel Richtung Erdmitte ausgerichtet ist. Im ihren Innern gibt es eine zweite Dreieckskomposition. Diese „wächst" in umgekehrter Richtung vom Erdinneren zum Himmel hin. Auf diese Weise wird das Urmuster des Davidsterns beim Pyramidensystem von Visoko ein zweites Mal verkörpert – das erste Mal entdeckten wir es bei der Sonnenpyramide.

Man könnte im Fall der zweiten Dreieckskomposition von einer kleineren Lichtpyramide sprechen, deren Ecken die Seiten des größeren Dreiecks in ihrer Mitte berühren. Die Berührungspunkte sind durch zwei Erhebungen zu erkennen – eine wurde „Tempel der Mutter Erde" genannt, die zweite als „Liebespyramide" bezeichnet. Der dritte Punkt wird mitten in der Stadt Visoko durch den Zusammenfluss der beiden Flüsse, Bosna und Fojnica festgelegt.

Bevor wir uns den drei Brennpunkten des inneren Dreiecks widmen, möchte ich etwas zur Bedeutung der Davidsternkomposition von Visoko sagen; dazu muss ich jedoch vorher einiges zur Zusammensetzung des mehrdimensionalen Raums ausführen. Zur Vereinfachung werde ich dabei vom größeren und kleineren Dreieck sprechen, was aber keine Wertung darstellt. Denn beide Dreiecke von Visoko sind gleichwertig und gleichermassen wichtig, um die gesunde Entwicklung der Schöpfung Gaias zu sichern.

Das größere Dreieck steht für die schöpferischen Prozesse, die im sogenannten „Kausalraum" ablaufen, also jenseits des Horizonts, den wir mit unseren fünf Sinnen wahrnehmen können. In den drei Dimensionen des kausalen oder urbildlichen Raums werden Inspirationen, Urmuster und Konzepte vorbereitet, die „danach" in den sogenannten „manifestierten" Raumdimensionen verkörpert werden. Symbolisch gesagt treten sie dabei aus der Nacht des Unsichtbaren an das Tageslicht der sichtbaren Welt. Das kleinere Dreieck repräsentiert dabei die Prozesse und Qualitäten, die es ermöglichen, dass die „abstrakt" vorkommenden Muster sich zu sinnlich wahrnehmbaren Phänomenen entwickeln.

Was uns in Visoko begegnet, ist nichts geringeres als der komplette Schöpfungsapparat, den Gaia und ihre kooperierenden Wesenheiten brauchen, um die existierende Welt, in der wir atmen, tanzen, dichten, schaffen, schlafen und vieles mehr, aufrecht zu erhalten und in jedem nachfolgenden Moment zu erneuern. Darf ich das wiederholen?

Was uns in Visoko begegnet, ist nichts geringeres als der komplette Schöpfungsapparat, den Gaia und ihre kooperierenden Wesenheiten brauchen, um die existierende Welt, in der wir atmen, tanzen, denken, schaffen, schlafen und den wir mit Pflanzen, Tieren und Landschaften teilen, aufrecht zu erhalten und in jedem nachfolgenden Moment zu erneuern. Darf ich das noch einmal wiederholen?

Was uns in Visoko begegnet ist nichts geringeres als der komplette Schöpfungsapparat, den Gaia und ihre kooperierenden Wesenheiten brauchen, um die existierende Welt, in der wir atmen, springen, dichten, geboren werden, sterben und gebären, aufrecht zu erhalten und in jedem nachfolgenden Moment zu erneuern.

Die Mondpyramide hat dabei die Aufgabe die für das ganze Universum geltenden Prinzipien im kausalen Raum des Erdkosmos verankert und lebendig zu halten. Zuallererst geht es um das Urmuster der allverbindenden Ganzheit, die es nicht zulässt, dass die Welt in Dualismen zerfällt. Ein weiterer Archetyp, den die Mondpyramide vertritt ist das Prinzip der Schöpfung. Das Universum und damit auch das Erdkosmos könnten in ihrer absoluten Stille, im Buddhismus auch Nirwana genannt, verbleiben. Um dem entgegen zu wirken und die Schöpfungsprozesse in Gang zu setzen, braucht es einen göttlichen Inspirationsimpuls, der in unserem Fall durch die Mondpyramide gesetzt wird und in jedem Moment immer wieder neu an die „Schöpfungsmaschine" der Sonnenpyramide weitergeleitet wird, um den kreativen Prozess anzufachen.

Von da an liegt der Ball in der Hand der Sonnenpyramide und ihrer Wesenheiten, die am Rhythmus der Schöpfung arbeiten, wodurch die musterähnlichen Ideen zu lebendigen Wesenheiten umgestaltet werden. Natürlich sind damit noch keine manifesten Wesenheiten gemeint, sondern subtile Bewusstseinsformen. Hier wird auch das Lebensgewebe gesponnen, das ich im Zusammenhang mit dem „Dormitorium" bereits oben erwähnte. Durch diese Abläufe werden Vorbedingungen erschaffen, welche die darauf folgenden Lebensprozesse der Verkörperung erst möglich machen. An den Drachenrücken von Zvonik erinnernd möchte ich noch auf das Urmuster der Sprache hinweisen, das im Rahmen der Sonnenpyramide erschaffen wird. Damit erhält die manifeste Welt die Möglichkeit, Gedanken zu formulieren und zwischen den verschiedenen Wesenheiten und Dimensionen des Lebensgewebes zu kommunizieren.

Ich habe bereits die Funktion der Drachenpyramide beschrieben, die für eine ständige Erneuerung des Schöpfungsprozesses sorgt. Dabei muss betont werden, dass jedes Mal wenn der regenerierte Ball sich wieder in der Hand eines der beiden Spieler – der Mond- oder der Sonnenpyramide – befindet, er ein wenig anders ist als zuvor. Auch hier kommt die wandelnde Natur der schwarzen Drachenpyramide zum Ausdruck. Die Schöpfung verändert sich in jedem einzelnen Moment, auch wenn wir das mit den physischen Augen oft nicht wahrnehmen können.

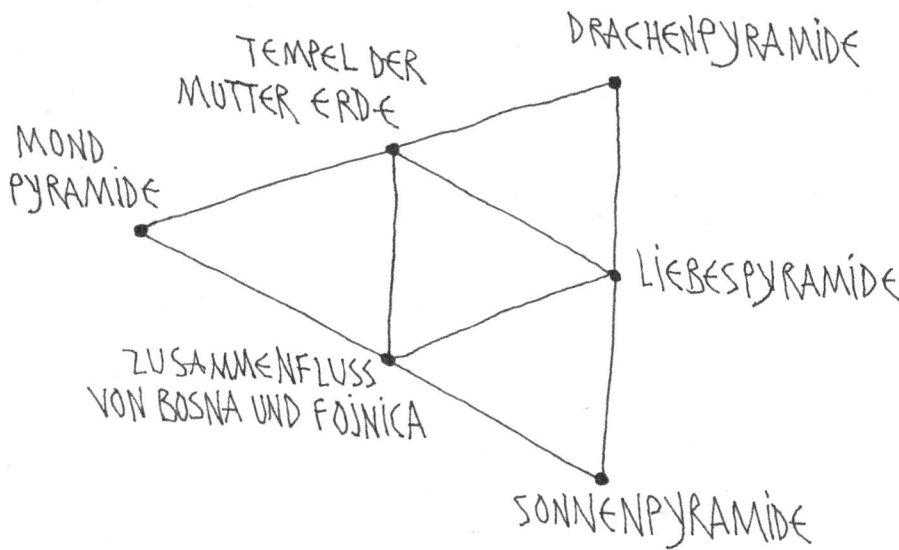

Die Komposition des Pyramidenkomplexes von Visoko

Ein weiterer durch die Drachenpyramide verkörperter Archetyp ist das Urmuster, das den Übergang aus der Ewigkeit in die Raum- und Zeitstruktur darstellt. Das Alles in Allem existierende wird dabei so gewandelt, dass es auf der manifestierten Ebene zeitlich und räumlich in der Welt verbreitet werden kann.

Natürlich stellt sich dabei die Frage, wieso diese „verkrüppelten" Pyramiden, die wie einfache Berge aussehen, all die aufgezählten Funktionen ausüben sollten und dabei in ihrer enormen Aktivität fast unbemerkt bleiben könnten. Da muss ich an die Existenz der kausalen Ebenen erinnern und damit auf die Möglichkeit hinweisen, dass die beschriebenen Prozesse auf einer Ebene ablaufen, die Menschen der Gegenwart weder wahrnehmen, noch beeinflussen können.

Das ändert sich jedoch dramatisch in der gegenwärtigen Epoche der planetarischen Wandlung. Ein kosmischer Zyklus der Entwicklung geht momentan rasch seinem Ende zu und ein völlig anders gearteter Zyklus kommt zum Vorschein. In den letzten 18 Jahren, in denen ich das mit dem neuen Zyklus verbundene Wandlungsgeschehen auf Erden beobachte, wurde mir die entscheidende Bedeutung der Bewusstseinsprozesse bei der Verkörperung des neuen Zyklus klar.

Die Pyramiden verlieren die Fähigkeit in Stille und Verborgenheit, sozusagen getrennt vom Bewusstsein der Menschheit, zu wirken, um durch diese Enthüllung die Grundlagen des Lebens auf Erden zu sichern. Darin sehe ich die Ursache, dass das System von Visoko sich jetzt den Menschen offenbart. Ich verstehe es als einen einladenden Ruf an die Menschheit sich rechtzeitig auf die Erdwandlung vorbereiten, nicht nur, um den integral verlaufenden Schöpfungsvorgang zu verstehen, sondern auch zu lernen mit Bewusstheit und Liebesfähigkeit (Empathie) dabei mitzuwirken.

Die Sonnenpyramide – Entsprechungen im menschlichen Körper

Nochmals möchte ich mein Anliegen zum Ausdruck bringen, die Spiegelung der Landschaft im Innern des Menschen wahrzunehmen und dementsprechend zu deuten. Im Fall des großen Pyramidendreiecks vor Visoko sehe ich die Entsprechung in Form der drei Körperräume, die als Hohlräume im menschlichen Körper vorkommen. Ich denke dabei an den Brust- oder Herzraum, an den Schädelraum und den Bauch- oder Hüftraum.

Die schöpferische Rolle der Sonnenpyramide im Makrokosmos der Erde wird im Mikrokosmos des menschlichen mehrdimensionalen Körpers im Herzraum verwirklicht. Um diesem Vergleich gerecht zu werden, sollte man zusammen mit dem Herzsystem auch die Atmungsfunktion der Lunge und die Rolle des Sonnengeflechts berücksichtigen.

Das Herzsystem des Menschen sehe ich in der Form einer Lemniskate – der liegenden Zahl „8". Dabei befindet sich eine Schlinge des Unendlichkeitszeichens hinter dem Rücken und die zweite vor der Brust. Die mit dem Rückenraum gleichgesetzte Schlinge umfasst eine bestimmte Anzahl von Herzzentren, winzigen Sternen gleich. Diese üben eine ähnliche Funktion aus wie die keramischen Megalithen im Labyrinth Ravne und repräsentieren verschiedene urbildliche Qualitäten der kosmischen Archetypen, die in der Matrix (der oben erwähnten Rosette) des Wesens Mensch eingeschrieben sind. Weiter ermöglichen sie das Heranwachsen des Menschen zu einem schöpferischen, liebenden und mit der Matrix des göttlichen Universums im Einklang lebenden Wesen.

Ich möchte einige Herzzentren des Rückenraums, die den einzelnen keramischen Megalithen entsprechen, aufzählen. Da gibt es den „Stern der Wahrheit", der es dem Menschen ermöglicht selbst zu einer Wesenheit der Wahrheit zu werden. Der „Kompass Stern" steht für die Fähigkeit des Herzens den Menschen entlang der Pfade zu geleiten, die die göttliche Weisheit für uns als sinnvoll vorgesehen hat. Der „Stern der Inspiration" ist die Quelle, aus der der Mensch die Ideen für seine kreativen Vorhaben schöpft. Auch der „Stern der allumfassenden Liebe" gehört zu dieser Reihe. Damit ist zwar die Anzahl der „keramischen Megalithen", die im Kausalraum hinter dem menschlichen Rücken schweben, nicht ausgeschöpft, aber wir sollten uns auch den anderen Entsprechungen der Sonnenpyramide im menschlichen Körper zuwenden.

Da haben wir zunächst die vordere Schlinge des Herzsystems, die auch eine Anzahl von Herzzentren umfasst. Es sind diese Herzzentren, die es dem Menschen ermöglichen, die kosmischen Urbilder des kausalen Raums in Lebensvorgänge umzusetzen und sich dadurch zu liebenden und für das

Wohl des Lebens sorgenden Wesenheiten zu entwickeln. Die dazugehörige Entsprechung bei der Sonnenpyramide wäre das Labyrinth Ravne mit seinen vielen unterirdischen Gängen, die verschiedene Qualitäten aufweisen. Dabei möchte ich an meine Kommunikation mit den Erbauern des Pyramidenkomplexes erinnern, insbesondere an ihre Aussage, dass die Wurzeln des Labyrinths über den ganzen Erdkörper ausgebreitet sind, mit dem Ziel diese Qualitäten in die Welt hinauszutragen.

Die Entsprechung zum so genannten „Dormitorium" sehe ich im Kontext des „elementaren Herzens" des Menschen. Mit dem Begriff des elementaren Herzens möchte ich mich auf das holographische Teilstück (Fraktal) des Herzens von Gaia beziehen. Es pulsiert unterhalb unseres Brustbeins und schafft einen breiten energetisch-emotionalen Raum, in dem sich das beschriebene Herzsystem entfalten kann. Ich habe in Bezug auf das Dormitorium erwähnt, dass dort ein subtiles Lebensgewebe gesponnen wird, das sich ausgehend von der Sonnenpyramide permanent durch den atmosphärischen Raum der Erde ausbreitet und die Entfaltung der verschiedensten Phänomene ermöglicht.

Im körperlichen Bereich, der gewöhnlich als Herzschakra bezeichnet wird, sehe ich ein interdimensionales Portal, durch das die urbildlichen Herzqualitäten des Rückenraums in die verkörperten Liebeshandlungen und kreativen Vorgänge übersetzt werden können. Bei der Lemniskate des Herzsystems geht es dabei um den Punkt, an dem sich die beiden Schlingen der Zahl „8" überschneiden. Auf die Sonnenpyramide bezogen vergleiche ich die Rolle des „Herzschakras" mit den Prozessen, die im Innern der Pyramide ablaufen, aber die für mich noch verborgen bleiben.

Dem Atmungssystem der Lunge setze ich den vertikal verlaufenden Atmungskanal der Sonnenpyramide gleich. Ich habe es beschrieben als ein Bündel von goldenen Stäben, die von der Erde Richtung Himmel und umgekehrt verlaufen. Wie bei der Atmung des Menschen geht es hier um den Austausch zwischen dem Innenraum der Erde, beziehungsweise des Körpers und dem äußeren atmosphärischen Raum. Der Moment, in dem bei der Sonnenpyramide die Einatmung in die Ausatmung übergeht, habe ich mit dem Verbiegen der vertikalen Stäbe in die Horizontale beschrieben.

Die Mond- und Drachenpyramide – Entsprechungen im menschlichen Körper

Die Entsprechung der Mondpyramide im Bezug zum menschlichen Körper sehe ich im Schädelraum, wobei die Funktionen des Kehlkopfs und des so genannten „Reptiliengehirns" mit einbezogen sind.

Ich nehme den Schädelraum als einen abgerundeten sakralen Raum wahr; die Öffnung der Fontanelle wird oft als der Ort betrachtet, durch den die kosmischen Impulse in den Schädelraum einfließen. Genauso wichtig scheint mir aber der obere Deckel des Schädelraums für die inneren Prozesse des Körpers zu sein: Die Inspirationen von Gaia steigen durch den ganzen Körper hindurch nach oben, werden an der Schädeldeckel gestoppt und wieder nach innen abgestrahlt, um in der Hirnstruktur tätig zu werden.

Was im Schädelraum „gekocht" wird, kommt durch das Mienenspiel des Gesichts zum Ausdruck; noch wichtiger ist das mit Hilfe des Kehlkopfs ausgesprochene, gesungene oder gedachte Wort. All dies wird innerhalb der Mondpyramide als eine Kraft des Bewusstseins konzentriert und allen Wesenheiten als Möglichkeit ihrer Entwicklung zum schöpferischen Subjekt angeboten. Der Schädelraum des Menschen kann als ein Resonanzraum angesehen werden, in dem diese Möglichkeit schwingend präsent ist und in Form der unterschiedlichsten Arten von Inspirationen wahrgenommen werden kann.

Verglichen mit der Mondpyramide von Visoko stellt der runde Raum des Kopfes das Haus der Jungfraugöttin im Rahmen des menschlichen Bewusstseins dar. Die Sonnenpyramide, die in Resonanz mit unserem Herz- und Atmungssystem steht, repräsentiert den kreativen Aspekt der Göttin innerhalb des menschlichen Universums. Doch wo finden wir die Resonanz mit der schwarzen Göttin der Wandlung? Oder anders gefragt, wo wäre die Entsprechung der Drachenpyramide im Raum des menschlichen Körpers zu suchen?

Hier geht es jetzt um den dritten der erwähnten Hohlräume des Körpers, der durch den Gral der Hüfte verkörpert wird; die gesuchte Resonanz betrifft die Bauchhöhle in ihrer kausalen Gestalt.

Auf dieser Ebene erscheint mir die Schale der Hüfte wie eine Drachenhöhle. Wenn die Drachen das urbildliche Bewusstsein und die Urkräfte der Gaia verkörpern, dann bedeutet das, dass sie im Menscheninnern die Verbindung zu jener Ausdehnung des irdischen Universums aufrecht erhalten, durch die die menschliche Existenz gezeugt und immer wieder erneuert werden kann. Ich habe diese Funktion der Drachenpyramide im Zusammenhang des Spiels mit dem goldenen Ball erwähnt. Der Ball fällt immer wieder in das schwarze Loch der Drachenpyramide, um in das dritte Universum zu gelangen, um dort regeneriert zu werden. Der Ball steht hier als Symbol für die allumfassende Sphäre des Lebens.

Die Rolle des Wassers

Durch das beschriebene Dreieck der drei Pyramiden werden die grundlegenden Bedingungen für die Existenz des irdischen Universums geschaffen. Nun sollten wir uns noch dem inneren Dreieck der Komposition von Visoko zuwenden. Es geht dabei um das kleinere Dreieck, das die Fähigkeit besitzt, den Prozess der Schöpfung einen wesentlichen Schritt in Richtung der handfesten Verkörperung in der manifesten Wirklichkeit voran zu bringen.

Um die verschiedenen Rollen der beiden Dreiecke klar auseinander halten zu können, wäre es wichtig nur im Fall der größeren Dreieckskomposition von Pyramiden zu sprechen. Das Dreieck der Manifestation hat eine horizontale, dem alltäglichen Leben zugewandte Form und Funktion. Deswegen ist jede Benennung, die mit dem spitzen und aufwärts strebenden Charakter der Pyramide verbunden ist, missverständlich. In der Tat haben wir es bei den drei damit verbundenen Orten mit horizontalen Gebilden zu tun; das gilt auch für die so genannte „Liebespyramide". Der erste Ort ist bestimmt durch den Zusammenfluss der Flüsse Bosna und Fojnica; die beiden anderen Orte sind geprägt durch die Form lang gezogener Bergrücken. Deshalb passt der Name „Liebespyramide" eigentlich nicht in diesen Kontext. Die Namensgeber haben vermutlich den völlig verschiedenen Charakter des inneren Dreiecks nicht verstanden.

Die Wasserschale von Visoko

Bei dem inneren Dreieck des Systems von Visoko möchte ich mich zunächst dem Zusammenfluss der beiden Flüsse widmen, der mitten im abgerundeten Raum von Visoko stattfindet. Die Bosna ist der Identitätsfluss und auch Namensgeberin von Bosnien. Die Quellen der Bosna befinden sich unweit von Sarajewo, der Hauptstadt von Bosnien und Herzegowina, in Form eines Wassertempels. Der Fluss entspringt im Bergmassiv von Igman und breitet sich gleich zu Beginn einem Flussdelta gleich aus; mehrere kristallklare Quellen verbinden sich schon nach einigen hundert Metern zu einem mächtigen Flussbett. Ähnlich wie die griechische Göttin Athene als junge Frau und in voller Rüstung aus dem Kopf ihres Gottvaters Zeus entsprang, so kennt auch die Bosna keine Jugendphase. Sie konstituiert sich sofort als ein mächtiger Fluss und als solcher fließt sie auch in den Raum von Visoko hinein, gerade einmal 20 Kilometer von ihrem Quellheiligtum entfernt.

Die Fojnica, ein starker Nebenfluss der Bosna, weist schon mit ihrem Namen auf einen gleichnamigen Ort hin, der reich an thermalen Quellen ist. Der Ort Fojnica ist seit der Antike bekannt durch seine Thermalbäder. So kommt es, dass beide sich in Visoko vereinigenden Flüsse, eine starke Verbindung mit dem Innern der Erde haben. Die Bosna wird auf eine spektakuläre Weise aus dem Erdinneren geboren. Die Fojnica bringt die Hitze und den mineralischen Reichtum der Erde nach Visoko.

Um die Bedeutung des Zusammenflusses von Bosna und Fojnica für das System von Visoko zu begreifen, müssen wir uns der entscheidenden Rolle des Wassers beim Prozess der Verkörperung bewusst werden. Das Wasser ermöglicht den Urmustern der Existenz, die in unserem Fall durch das Zusammenspiel der drei Pyramiden erschaffen werden, den ersten Eindruck in der manifesten Welt zu hinterlassen. Ohne das Element des Wasser und seiner vermittelnden Rolle zwischen der kausalen und der verkörperten Welt, gäbe es keine Wirklichkeit, die durch unsere körperlichen Sinne erfahrbar wäre.

Um diese Bedeutung zu veranschaulichen, möchte ich darauf hinweisen, dass der Bereich um Visoko einer Schale oder einem Gral ähnelt. Umgeben von steilen Hängen sitzen die zwei Dreiecke des Davidsterns von Visoko mitten in diesem Gral. Heutzutage sind die Wände des Grals durch die Zuflüsse von Fojnica und Bosna und deren gemeinsamen Abfluss durchbohrt. Aber ich sehe vor meinem inneren Auge, dass die wässrige – durch die beiden Flüsse hervorgerufene Qualität – einem See gleicht. Der Pyramidenkomplex ragt majestätisch aus diesem – das Element des Wassers repräsentierenden – See heraus.

Ich war bereits zweimal in Visoko, nachdem es in Bosnien längere regnerische Perioden gegeben hatte und war zu Recht niedergeschlagen, denn die beiden heiligen Flüsse trugen Unmengen von Plastik und anderer Relikte der modernen Zivilisation mit sich herum. In Bosnien werden Flüsse offenbar noch immer zum Entsorgen von Abfällen missbraucht. Abfall wird einfach an den Flussbänken abgelegt, um beim Hochstand der Flüsse von deren Strom mitgenommen zu werden. Ein Sakrileg!

Das erscheint mir besonders dramatisch, weil nach meiner Intuition die zwei Flüsse in Resonanz mit den zwei Sphären des planetarischen Wasserkörpers stehen. Die beiden wässrigen Sphären entsprechen dem pazifischen und dem atlantischen Ozean, die mit ihren gewaltigen, auf beiden Seiten der Erde verteilten Wassermassen das planetarische Gleichgewicht aufrecht halten. Die beiden planetarischen Wassersphären sind jedoch nicht identisch mit den beiden Ozeanen. Denn obwohl sie dort verankert sind, umfassen beide wässrige Sphären die Erde als Ganze. Dabei nehme ich den Pazifischen Ozean als nach innen gewandt wahr: Er nimmt Informationen aus dem Universum auf und speichert sie in seiner kristallinen Struktur. Der Atlantik hingegen öffnet sich zur Welt hin und verbreitet die Lebensinformationen von Gaia über die umliegenden Kontinente.

Eine ähnliche binäre Struktur nehme ich bei den beiden Flüssen wahr, die den Gral von Visoko durchlaufen. Die Fojnica wendet sich nach innen, ihrem mineralischen Gehalt zu. Das wirkt auf mich, als wolle sie mich in ihre Tiefen ziehen. Die Bosna hingegen reitet auf einer imaginären Welle, die sich feierlich entlang der Flussmitte zieht, gen Visoko. Die Öffnung zur Welt ist beim Fluss Bosna nicht zu übersehen. Die Fojnica steht in Resonanz mit der Wassersphäre des Pazifik und die Bosna mit der des Atlantik.

Mit den beiden Flüssen sind die zwei Sphären des planetarischen Wasserkörpers beim Schöpfungsprozess mitten im Pyramidendreieck beteiligt. Die wässrige Sphäre der Fojnica besitzt die Fähigkeit urbildliche Informationen zu speichern, die durch die drei Pyramiden erzeugt werden. Die Bosna kann diese Informationen (nachdem die Fojnica durch den Zusammenfluss integriert wurde) verinnerlichen und in Richtung auf die manifeste Welt befördern. Für den nächsten Schritt im Schöpfungsprozess schauen wir uns den sogenannten „Tempel der Mutter Erde" an.

Tempel der vier Elemente

Ich möchte den zweiten Eckpunkt des kleineren Dreiecks von Visoko eher „Tempel der vier Elemente" nennen, weil damit seine Rolle im Prozess der Verkörperung von Raum, Zeit und Leben präziser ausgedrückt wird. Wenn die zwei Flüsse, Fojnica und Bosna, den ersten Schritt im Prozess der Verkörperung vertreten, so führen die Wesenheiten der vier Elemente diesen Prozess fort, bis die Phänomene des Lebens ihre volle Gestalt angenommen haben.

Als ich den langen Rücken des „Tempels der Mutter Erde" betrachtete, sah ich in seiner urbildlichen Dimension vier tempelähnliche Strukturen hintereinander aufgereiht. Ich erkannte sie als Tempel der vier Elemente, in denen verschiedene Urformen als Grundlagen für das manifeste Leben gestaltet werden.

Beginnen wir unsere Betrachtung mit dem Element des Wassers. Das Gaia Bewusstsein, das im Element Wasser wirkt, stellen wir uns traditionell als Nixen und Nymphen vor. Deren kreativer Tanz führt zur Entstehung der Hydrosphäre, wie die All-Präsenz des Wassers auf dem Planeten benannt wird. Eine weitere Inkarnation des Elements Wasser erkennen wir in der wunderschönen Pflanzenwelt.

Ein ähnlicher Verkörperungsprozess findet auch im Tempel des Elements Feuer statt. Die Feuergeister als Meister der Wandlung ermöglichen die Manifestation des Mikrobioms. Mit diesem Begriff wird die All-Präsenz der Mikroben zum Ausdruck gebracht, die die Landschaft durchdringt und die Existenz aller Lebewesen ermöglicht. Die nächst folgende Verkörperung des Elements Feuer offenbart sich in der vielfältigen Welt der Tiere.

Im Tempel des Elements Erde sind Wesenheiten des Gaia Bewusstseins tätig, die im Volksmund als Gnome und Zwerge bezeichnet werden. Dieser in den Märchen beliebter Aspekt des Gaia Bewusstseins erzeugt die All-Präsenz der Materiepartikel, die Lithosphäre. Die Verkörperung des Erdelements kommt in der faszinierenden Welt der Steine und Mineralien zum Ausdruck.

Betrachten wir auch noch den letzten der vier Tempel, den Tempel des Elements Luft. Die schöpferischen Wesenheiten dieses Elements werden gewöhnlich Feen genannt. Diese bringen als erstes die All-Präsenz des Bewusstseins hervor, die Noosphäre, die alle Wesenheiten und Phänomene des Erdkosmos durchdringt. Das Element des Bewusstseins findet seine höchste Inkarnation im Wesen Mensch. Als eine Verkörperung der Noosphäre haben wir die Kraft und die Fähigkeit, das irdische Universum mit all seinen Wesenheiten als einen mehrdimensionalen Kosmos zu begreifen, zu lieben, und zu schützen.

Der Tempel der vier Elemente erschafft die Urmuster, aufgrund derer die Entwicklung der vier verkörperten Evolutionen verwirklicht werden kann. Ich denke dabei an die reich verzweigten Entwicklungsstränge der Pflanzen, Tiere, Steine und Menschen. Dabei sollte uns klar sein, dass Steine und Mineralien genauso wie Pflanzen, Tiere und Menschen als verkörperte Bewusstseinsformen von Gaia einem eigenen, reich verzweigten Evolutionsweg folgen. Ihre Eingebundenheit in Zeit und Raum unterscheidet sie natürlich wesentlich von den anderen drei Evolutionen.

Die „Liebespyramide"

Für die sogenannte „Liebespyramide" fände ich den Ausdruck „Pyramide des fünften Elements" passender. Um aber keine Verwirrung bei den Benennungen zu stiften, verbleibe ich beim gängigen und romantisch klingenden Namen des dritten Eckpunkts des kleineren Dreiecks von Visoko.

Für mich hat die Rolle des dritten Eckpunks des inneren Dreiecks jedoch weniger mit Romantik zu tun, als mit einem entscheidenden Moment im Prozess der Verwirklichung des Lebens. Worum geht es dabei?

Es geht um den Prozess, wie sich die Muster der Schöpfung, die vom größeren Pyramidendreieck erhalten und in das Gedächtnis des Wassers eingeprägt werden, in greifbare Wesenheiten und Phänomene verwandeln können. Dazu braucht es einen Vermittler, der einerseits am Wissen um den Schöpfungsplan Gaias teilhat und andererseits die Fähigkeit besitzt, in die Entwicklungen auf der manifestierten Ebene einzugreifen.

Ich vergleiche diesen „Vermittler" mit der Funktion des Daumens bei der menschlichen Hand. Wenn wir die vier Finger mit den vier Elementen gleichsetzen, stellen die daraus erwachsenden Evolutionen die Linien der Pflanzen, Tiere, Steine und Menschen dar. Wir wissen aus Erfahrung, dass die vier Finger ohne den Einsatz des Daumens praktisch nichts zustande brächten. Nur durch die Interaktion mit dem Daumen können die vier Finger der schöpferischen Hand Gaias etwas Sinnvolles zustande bringen.

Einige der Wesenheiten, die den Daumen der kreativen Hand Gaias verkörpern, haben wir schon erwähnt. Ich denke an die Elementarwesen des fünften Elements, die ich als Erbauer des Pyramidenkomplexes von Visoko kennenlernen und sprechen durfte. Zu dieser Gruppe gehören auch die Sidhe Wesenheiten, die in diesem Gespräch als die Architekten des Visoko Systems vorgestellt wurden. Das dritte Gruppe sind die Engel der Erde, die unter dem Begriff der Drachen im menschlichen Bewusstsein gespeichert sind.

Es gibt noch einen dritten Aspekt der kreativen Hand Gaias, nämlich die Handfläche, in deren Mitte die Matrix ihrer Schöpfung eingeschrieben ist. Im Falle von Visoko wird diese Matrix durch das größere Pyramidendreieck verkörpert.

Wir können nicht übersehen, dass unsere Hände unsere innige Beziehung zu Gaia zum Ausdruck bringen. Sollten wir daraus nicht schließen, dass dem Menschen damit auch die Verantwortung für die reibungslose Verwirklichung des schöpferischen Plans der Erde übertragen wurde? Leider sieht es so aus, als ob der Mensch vergessen hätte, was für eine wundervolle und verantwortungsvolle Funktion für uns im Schöpfungsplan vorgesehen ist. Unsere kreativen Hände sollten uns daran erinnern.

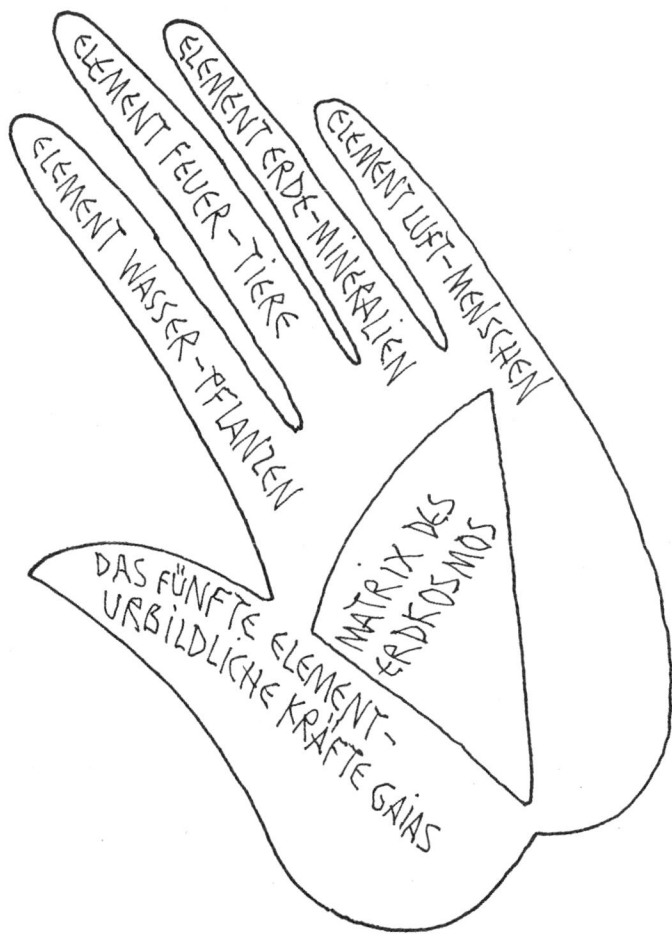

Die menschliche Hand und die schöpferische Hand Gaias

In dem Zusammenhang möchte ich noch erwähnen, dass die oberflächliche Einschätzung, es handele bei den Wesenheiten des Daumens von Gaias kreativer Hand exklusiv um unsichtbare Wesenheiten, täuscht. Die strenge Aufteilung zwischen sichtbaren und unsichtbaren Welten ist Ausfluss einer arbiträren Entscheidung der menschlichen Vernunft, die die subtilen Formen der verkörperten Welt nicht wahrnehmen kann. Deshalb werden die vermittelnden Wesenheiten des fünften Elements – einschließlich der Elementarwesen – für unsichtbar erklärt und aus der manifesten Welt in sogenannte „esoterische" Sphären verbannt. Auf diese Weise wird ihre vermittelnde Funktion an der Schwelle zwischen den geistig existierenden und den verkörperten Welten weitgehend blockiert. Als Resultat der Ignoranz in Bezug auf die manifesten Aspekte der Elementarwesen der Sidhe und den Vertretern des urbildlichen Bewusstseins von Gaia – den Drachen – wurden die kreativen Abläufe in der manifesten Welt wesentlich verlangsamt und brüchig. Unter solchen Umständen konnte die Menschheit sich der Kapazitäten des „Daumens" bemächtigen und diese mehr und mehr für ihre egozentrischen Zwecke nutzen.

Die enormen Schwierigkeiten, mit denen ich beim Ringen um ein Verständnis der tatsächlichen Rolle der Liebespyramide zu kämpfen hatte, rührten daher, dass ihre vermittelnde Funktion an der Schwelle zwischen der urbildlichen und manifesten Wirklichkeit massiv blockiert wurde, damit das irdische Universum – die Schöpfung Gaias – von Menschen, aber auch von Wesenheiten, die die Menschen kontrollieren wollten, manipuliert werden konnte.

Die Trennung zwischen den sichtbaren und unsichtbaren Dimensionen des Erdkosmos wird durch die Erdwandlung aufgehoben, weil im Rahmen der neu entstehenden Mehrdimensionalität der Erde alle Wesenheiten ihre sichtbaren und unsichtbaren Ausdehnungen als selbstverständliche Eigenschaften ihres Seins zum Ausdruck bringen werden. Genauso wie Pflanzen, Tiere, Steine und Menschen ihre eigenen unsichtbaren Ebenen haben, so werden umgekehrt Elementarwesen und andere Wesenheiten der „unsichtbaren" Dimensionen ihre Fähigkeit verwirklichen können, sich in der manifesten Welt zu zeigen und in der Rolle des fünften Elements auch gestalterisch aktiv zu werden, ohne sich unter einem Tarnmantel der Unsichtbarkeit verstecken zu müssen. Damit dieses Wunder geschehen kann, braucht es das Verständnis der Menschheit für die entscheidende Rolle der vertriebenen Wesenheiten bei der Schöpfung des Lebens und die Erweckung unserer Liebe für die bisher ignorierten Schwesternevolutionen. In diesem Sinne passt der Name „Liebespyramide" vollkommen.

Tumulus Vratnica

Damit haben wir unsere Begehung der zwei Dreiecke von Visoko abgeschlossen. Erforscher des Pyramidenkomplexes gehen jedoch davon aus, dass auch der sogenannte „Tumulus Vratnica" – obwohl einige Kilometer vom Komplex der zwei Dreiecke entfernt – zum Gesamtsystem dazu gehört. Meine Wahrnehmungen bestätigen diese Ansicht: Vom Konzept der zwei Dreiecke mit ihren sechs Ecken aus gesehen, erscheint Vratnica, obwohl es außerhalb der zentralen Komposition steht, wie ein siebtes Glied des Systems. Berühmtes Beispiel eines solchen Konzepts ist der sogenannte „Fersenstein" (Heel stone), der außerhalb der megalithischen Komposition von Stonehenge steht.

Im Falle von Visoko könnten wir das siebte Glied der Komposition als ein Hintergrundsystem deuten, mit dessen Hilfe der gesamte Pyramidenkomplex von Visoko tadellos atmen und wirken kann. Diese Funktion des Ortes erkennen wir an der abgerundeten Kette von Hügeln, die das Tal von Vratnica umschließen. Einem Drachenrücken gleich konzentriert die Hügelkette die Urkräfte der Erde. Der Drachenrücken von Vratnica ist ähnlich wie in dem Bild des Drachens Uroboros, der sich in den eigenen Schwanz beißt, abgerundet. Solch ein abgerundetes Drachensystem eignet sich ideal für die Speicherung der Urkräfte Gaias.

Mit meinem inneren Auge konnte ich sehen, wie die Pyramidenkomposition von Visoko ihre „Zunge" einer Welle gleich zum Tumulus Vratnica ausstreckt, um sich dort die Kraft zu holen, die das System im Moment braucht.

Meines Erachtens greift es aber zu kurz, den Tumulus Vratnica nur als ein unterstützendes System für die Wirkungsweise des Pyramidenkomplexes in Visoko zu verstehen. Es stellt für mich auch ein selbstständiges Kraftsystem dar,

Die Wesenheiten des Visoko Pyramidensystems kreisen durch Vratnica, um sich für ihre Aufgabe im System inspirieren zu lassen.

das den männlichen Aspekt der Schöpfung Gaias verkörpert. In dem Sinne haben wir es beim Tumulus Vratnica mit einem männlichen Gegenpol zur Komposition der zwei Pyramidendreiecke zu tun, die den weiblichen Pol von Visoko darstellen. Die doppelte Dreieckskomposition von Visoko kann mit dem Kern des Mutterleibs von Gaia gleichgesetzt werden – wie anfangs erwähnt ist der Mutterleib selbst noch viel weiter durch Südeuropa ausgedehnt.

Der männliche Pol hat mitten im Mutterleib eigentlich nichts zu suchen; andererseits kann es keine Zeugung und folglich keine permanente Quelle des Lebens geben, wenn es zu keinem Austausch zwischen dem männlichen Samen und dem weiblichen schöpferischen Organismus kommt. Das trifft auch auf die Gesamtkomposition von Visoko zu; allerdings sollten wir mit diesem Vergleich nicht so weit gehen zu behaupten, das Vratnica System sei etwas Abgesondertes, das einem Gott ähnlich außerhalb von Gaia steht. Das Tumulussystem von Vratnica repräsentiert den männlichen Aspekt von Gaia, die (gleichzeitig als „Frau und Mann" existiert und durch die Interaktion dieser zwei Aspekte aus sich selbst heraus Leben schafft. Auch beim Menschenwesen sprechen wir davon, dass jede Frau einen männlichen Aspekt oder Seelenanteil wie den Animus hat und der Mann umgekehrt eine weibliche Anima.

Wenn ich mich innerlich auf diesen Fragenkomplex einlasse, dann sehe ich einen riesigen Ring des Austauschs, der sich unentwegt zwischen dem Pyramidenkomplex in Visoko und dem Kessel von Vratnica bewegt. Dieser Ring besteht aus unzähligen Wesenheiten, die sich zwischen Vratnica und den beiden Pyramidendreiecken hin und her bewegen. Sie scheinen sich dort etwas abzuholen, was sie für ihre Tätigkeit beim Pyramidenkomplex offensichtlich dringend benötigen. Aber was könnte das sein?

Als Antwort auf diese Frage zeigt sich mir im Hintergrund des Rings das Gesicht einer Göttin von ungewohnten Schönheit und Würde. Ich deute diese Erscheinung als Hinweis darauf, dass sich all die verschiedenen feenartigen Wesenheiten permanent in Richtung Vratnica bewegen, um dort nach einer Inspiration zu suchen, um den Sinn ihrer schöpferischen Tätigkeit zu erspüren und zu begreifen. Wenn diese Einsicht und Gewissheit eines sinnvollen Tun fehlt, geht auch der Wille verloren, einen Einsatz trotz aller Anstrengungen zu Ende zu bringen, um einen bestimmten Vorgang am Leben zu erhalten.

Der Tumulus Vratnica lässt uns Menschen wissen, dass es einen bestimmten Aspekt des männlichen Prinzips der Schöpfung gibt, ohne den der kreative Prozess nicht nachhaltig ablaufen kann: die Inspiration aus dem Herzen der Göttin. Was hier Inspiration genannt wird, gehört nicht nur den Dichtern und Künstlern, sondern ist die Grundlage eines jeden schöpferischen Tuns. Meine Vision bestätigt dieses Prinzip auch für die Prozesse, bei denen die Grundlagen des manifesten Lebens erschaffen werden.

Die Gabe der Inspiration zähle ich zu den männlichen Aspekten der Göttin. Gaia ist nicht nur die Quelle des manifesten Lebens, sondern auch ein göttliches Bewusstsein, eine geistigen Sinn und Inhalt verleihende Weisheit. Ihre Tiefe ist unermesslich und unergründlich. Sie zeigt sich mir als ein konkaves schwarzes Gesicht, das den ganzen Hintergrund des Universums durchzieht. Ich nenne sie Sophia, die Weisheit von Urbeginn an.

Der Visoko Geopunkturkreis

Heutzutage gehört zum Pyramidenkomplex auch der im Jahr 2016 gestaltete Geopunkturkreis mit 24 Megalithen, der am Platz unmittelbar vor dem Kopf des Drachenrückens von Zvonik steht. Die Rolle dieser Kunstinstallation im Bezug zum Pyramidensystem soll einen Dialog mit dem System von Visoko und seinen Wesenheiten ermöglichen. Zum einen geht es darum, dass ihnen die Gewissheit vermittelt wird, dass wir als moderne Menschen die Zusammensetzung des Pyramidensystems verstehen und ehren. Zum anderen soll das mehrschichtige Bewusstsein des Komplexes an seine potentiellen Aufgaben für die gegenwärtige Erd- und Menschenwandlung erinnert werden.

Das Projekt der Geopunkturkreise habe ich im Jahre 2004 zusammen mit Sabine Lichtenfels und Peter Florian Frank konzipiert. Nach diesem Konzept sollen an verschiedenen Orten weltweit Kompositionen von Steinsäulen aufgestellt werden, um einen neuen Zyklus der Kommunikation mit Gaia und ihren mitschaffenden Wesenheiten in die Wege zu leiten. Jeder der Geopunkturkreise ist einem bestimmten Thema gewidmet. Um die gewählte Thematik des Dialogs zum Ausdruck bringen zu können, verwenden wir die Sprache der Kosmogramme. Die bildliche Sprache der Kosmogramme habe ich in den 80er Jahren des vorigen Jahrhunderts entwickelt, um mit jenen Aspekten und Wesenheiten des irdischen Universums kommunizieren zu können, denen die Verstandessprache der Menschen fremd erscheinen muss. Wie sollte es möglich sein, eine gemeinsame Geokultur zu entwickeln, wenn es für die beteiligten Wesenheiten von Gaia keine Kommunikationsmöglichkeit gibt?

Zum Konzept der Geopunkturkreise gehört auch die kollektive Art sie zu errichten. Zu diesem Zweck habe ich zusammen mit meiner Frau Marika interessierte Menschen in verschiedenen Ländern gelehrt, Orte in ihrer Mehrdimensionalität wahrzunehmen, Kosmogramme dazu zu entwickeln und sie auf eine bestimmte Art und Weise in Stein zu meißeln. Bei der Erschaffung des Geopunkturkreises in Visoko haben Mitarbeiter/innen aus Kroatien, Slowenien, Österreich, Tschechien und Deutschland mitgearbeitet. Das Konzept dazu haben wir gemeinsam mit Simona Đudovan entwickelt.

Die Komposition des Geopunkturkreises von Visoko gliedert sich in drei Bögen. Der zentrale Bogen ist den einzelnen Brennpunkten des Pyramidenkomplexes gewidmet, die ich schon beschrieben habe. Die Kosmogramme des linken Bogens beziehen sich auf die schöpferischen Prinzipien, die ich auch schon weiter oben angesprochen habe. Was wir allerdings noch näher in Betracht ziehen sollten, sind die Beziehungen des Visoko Systems zu Europa und zur Erde als Ganze. Dieser Thematik ist der rechte Bogen der Komposition aus Megalithen gewidmet.

Planetarische Zusammenhänge

Die planetarische Dimension von Visoko

Am Anfang unserer Betrachtung des Phänomens von Visoko haben wir uns mit der Rolle des Pyramidenkomplexes im Rahmen des Gesamtraums von Europa auseinander gesetzt. Ich habe dabei versucht die entscheidende

Rolle der Bauchhöhle – sowohl von Europa wie auch des Menschen – für die Schöpfung und Erhaltung der Lebensprozesse auf Erden hervorzuheben. Nachdem wir uns nun gemeinsam in die verschiedenen Aspekte des Pyramidensystems vertieft haben, sind wir genügend darauf vorbereitet auch seine Funktion für die Ganzheit des irdischen Universums zu begreifen.

Als ich mich vor kurzem auf die planetarische Ebene des Systems von Visoko eingestimmt habe, geriet mein gewohntes Weltbild ins Wanken und ich empfand mich auf eine andere Ebene im Raum versetzt. Dabei verschwand plötzlich die relative Fläche des Landschaftsraums und ich fand mich zusammen mit dem Pyramidenkomplex in den gewaltigen Dimensionen eines kugelartigen Raums wieder. Dem Überraschungsmoment folgte eine Zeitspanne der Betrachtung, um wahrzunehmen, womit die sphärische Hülle des neu entstandenen Raums gleichzusetzen wäre.

Als Antwort auf meine Frage meldeten sich meine beiden Hüftknochen, die ich als identisch mit dem Bogen der Karpaten im Osten des Balkans und den drei Rieseninseln, Korsika, Sardinien und Sizilien, im Westen wahrnehme. Ich sehe diese mineralisch-bergigen Gebilde sphärisch um Visoko ausgebreitet und rund herum eine gigantische Hülle bildend.

Im nächsten Moment änderten sich Proportionen schlagartig und mir wurde bewusst, dass ich mich innerhalb eines Atoms befand, wobei die Karpaten, Sizilien und ihre zwei Nachbarinseln die Hülle des Atoms bildeten, während das Pyramidensystem von Visoko seinen ungeheuer starken Kern repräsentierte. Man könnte von einem Uratom des irdischen Universums sprechen, in dem sich alle Ausdehnungen des Erdkosmos modellartig spiegeln. Ich war entsetzt, als mir plötzlich klar wurde, wie viel Unsinniges wir Menschen in der Hülle dieses Makroatoms treiben, ohne die geringste Ahnung davon zu haben, inwieweit wir entweder an der Schöpfung des planetarischen Universums kreativ teilnehmen oder sie auf eine schicksalhafte Art zerstören könnten.

Um die Atomhülle besser kennen zu lernen, habe ich sie mittels meiner inneren Wahrnehmung abgetastet: Ich nehme wahr, dass ihre unterirdische Halbsphäre den Sternenhimmel widerspiegelt. Dadurch wird die Information des weiten Universums und seiner Sternsysteme in das Innere der Erde gebracht. In der oberirdischen Halbsphäre geschieht etwas Ähnliches und doch umgekehrtes. Ich sehe, dass diese mit dem Schimmern der Präsenz Gaias durchzogen ist. Ich schließe daraus auf ihre Funktion, die Informationen des Geschehens im irdischen Kosmos in das weite Universum unserer Galaxie auszustrahlen.

Während einer späteren Imagination, in der ich mich wieder innerhalb des Uratoms der Erde befinde, sehe ich gewisse Elektronen oder Protonen um den Atomkern von Visoko kreisen. Auf meine anfangs unserer Reise beschriebene Wahrnehmung des Großraums „Bauch von Europa" zurückgreifend, erkenne ich diese „Elektronen" als dessen Landschaften – transformiert in eine andere Dimension. Ich denke dabei zuerst an die Apenninen-Halbinsel, Pannonien, Slawonien, und Dalmatien, die ich anfangs wie ein mehrschichtiges Zwiebelmodel um Visoko herum angeordnet habe. Mir wird dabei klar, dass meine Einführung in das Pyramidensystem von Visoko wesentlich zu kurz greifen würde, wenn ich die Rolle dieser „Elektronen" in meine Darstellung nicht einbeziehen würde.

Es ist auch sehr aufschlussreich, dass Dr. Osmanagić an verschiedenen Orten in Bosnien vollkommen abgerundete Steinkugeln gefunden hat, von denen niemand weiß, wozu sie dienen sollten. Die meisten von ihnen sind allerdings kleiner als die zuletzt ausgegrabene Kugel von fast zwei Metern Durchmesser. Ich könnte mir vorstellen, dass diese über das Land verteilte Kugeln ursprünglich dazu dienten, das beschriebene Uratomsystem in der Landschaft zu verankern – anders gesagt, es in den Zeit- und Raumdimensionen der verkörperten Wirklichkeit zu erden.

Die Kugel von Pannonien

Die breite ausgedehnte Fläche am Fuß der Karpaten wird gewöhnlich „Ungarische Fläche" genannt. Ich vermeide diesen Namen, weil daran nicht nur Ungarn teil hat, sondern auch die Slowakei, Slowenien, Slawonien (Kroatien), Serbien und Rumänien (Siebenbürgen). Der Name der Römischen Provinz „Pannonien", die einmal die ganze Ebene am Fuß der Karpaten umfasste, erscheint mir dafür passender, da er keinen Bezug auf die verschiedenen Nationalstaaten nehmen muss, die sich diese Region teilen.

Man spricht auch vom Pannonischen Meer, das in der fernen Vergangenheit die riesige Schale am Fuß der Karpaten ausfüllte. Durch Erosionsvorgänge im Mitteleuropa wurde das kreisrunde Meer fast völlig mit Steinmaterial zugeschüttet, nur der Plattensee blieb als ein Rest der riesigen Wasserfläche übrig.

Die heutzutage nicht mehr vorhandene Wassermenge des Meeres hat zwar nur minimal wahrnehmbare Merkmale ihrer Präsenz auf der verkörperten Ebene hinterlassen, ist jedoch immer noch stark präsent auf der kausalen Ebene. Auf jener Ebene existiert die wässrige Qualität des Pannonischen Meeres in Form einer gewaltigen Kugel, die im Schoss der Karpaten liegt. Da es sich hier um die Tochter eines „verstorbenen" Meeres handelt, wäre ihre Kraft normalerweise kaum wahrnehmbar, wenn nicht die Urkulturen rund um das Pannonische Becken starke Kraftzentren hinterlassen hätten. Wie ein Gürtel der männlichen Kraft umranden sie Pannonien: In der Slowakei ist mir der Ort Nitra als ein Kraftzentrum aufgefallen, in Slowenien der von den Templaren (neu) gegründete Ort namens „Jeruzalem"; die Namensgleichheit mit dem Jerusalem in Palästina weist auf eine Resonanz der beiden Orte hin, die die Templaren wohl erspürt haben. In Ungarn verkörpert diese Rolle unter anderen die Landschaft von Bükk mit ihren vielen Felsheiligtümern und bekannt sind auch die sakralen Plätze von Siebenbürgen.

Wenn ich die oben erwähnte gewaltige Kugel von Pannonien innerlich betrachte, so erscheint sie mir ähnlich wie die Sonne am Himmel. Es gibt jedoch einen wesentlichen Unterschied. Die Sonne von Pannonien strahlt nicht nach außen, sondern nach innen. Deswegen sehe ich sie als eine glatt polierte goldene Kugel. Ihre nach innen gerichtete Strahlung spüre ich in meinem Brustkorb als einen Ausdruck der Herzenskraft. In der Tat gibt es bei den Ungarn verschiedene Mythen, die ihr Land als das Herz der Erde darstellen. Dieses Zentrum sollte um die bergige Landschaft von Pilis herum konzentriert sein, wo ich die gesprengte Pyramide entdeckt habe, die im Anfangskapitel erwähnt wurde.

Die goldene Platte mit Turul und Gaia

Meiner Intuition nach ist die Herzsphäre von Pannonien mit einer Lichtquelle aus dem breiteren Universum verbunden, von wo aus ihre Stärke immer wieder erneuert wird. Ich setze sie gleich mit dem mythischen Vogel Turul, dessen Mythos älter erscheint als die Epoche der Ansiedelung der Ungarn. Auf einer goldenen, in der pannonischen Ebene gefundenen Platte, die im Kunsthistorischen Museum in Wien aufbewahrt ist, wird Turul als Beschützer von Gaia dargestellt. Auf der goldenen Platte sehen wir Gaia, wie sie eine Wasserschale und eine Pflanze als Symbole ihrer Schöpfung auf Erden hochhält. Gaia selbst wird dabei liebevoll in den „Händen" des mythischen Vogels Turul gehalten, als ob sie von ihm eine wichtige Art von Unterstützung erhält. Ich setze die oben erwähnte Lichtquelle aus dem All in Zusammenhang mit Turul und sehe die Szene auf der goldenen Tafel als ein Symbol des Austauschs zwischen dem Kosmos von Gaia und dem weiten Universum der Sophia. Dadurch wird eine starke Sphäre der Herzqualität erschaffen. Die wässrige Grundqualität des Beckens von Pannonien wurde dabei mit dem Feuerring der umliegenden Kraftorte verschmolzen, wodurch eine besondere Sphäre entsteht, die, gespeist durch die Herzkraft des intimen Austauschs zwischen Gaia und Sophia, die universelle Gottheit darstellt.

Die hauptsächliche Funktion der goldenen Bewusstseinssphäre von Pannonien sehe ich darin, den kreativen Prozessen der Erde den Raum zu verschaffen, den diese auf ihrem Weg zur Verwirklichung auf der manifesten Ebene brauchen. Besonders wichtig ist bei diesem Prozess die Herzqualität, die alle daran beteiligten Wesenheiten inspiriert dem Weg ihrer eigenen Verkörperung und der des Erdkosmos zu folgen.

Der Diskus der Apenninen-Halbinsel

Ein weiteres unterstützendes System des Pyramidenkomplexes von Visoko sehe ich in der Form eines geräumigen Diskus, der sich entlang der Apenninen-Halbinsel senkrecht aufrichtet, wobei die eine Hälfte des Diskus sich unterirdisch, die andere jedoch oberirdisch erhebt. Der Diskus taucht im Golf von Tatanto aus dem Mittelmeer auf, wölbt sich über ganz Italien und

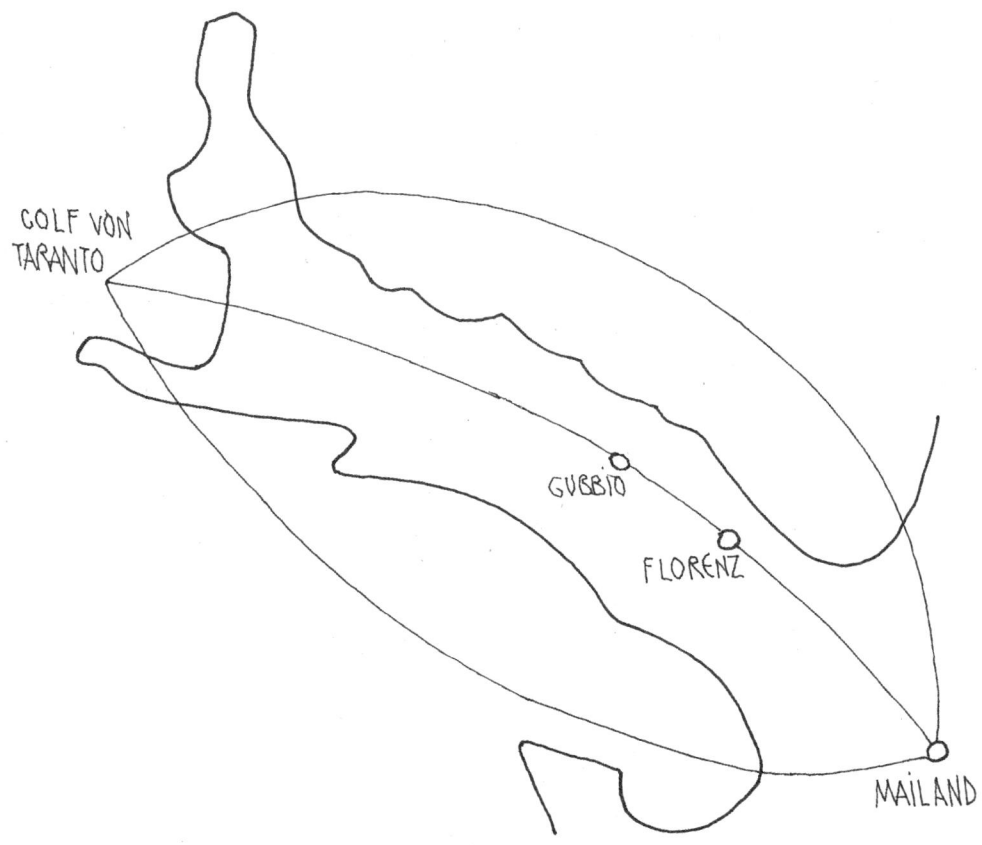

Der kreative Diskus der Apenninen-Halbinsel

verschwindet hinter Mailand in das Erdinnere hinein. Dabei sind die beiden Seitenwände des auf der physischen Ebene natürlich unsichtbaren Diskus vollständig ins Meerwasser eingetaucht. Ich stelle ihn mir als ein kreatives System vor, durch das die im Kern des Uratoms in Visoko erschaffenen Ideen und Urmuster der Existenz in spezifische Formen umgesetzt werden können. Italien mit seinem reichen Kulturerbe bezeugt diese künstlerische Transformation. Von den Etruskern über die Renaissance bis zur Neuzeit wurden in Italien unzählige Kultur- und Kunstformen in die Welt gesetzt. Die enge Verbundenheit des kreativen Diskus Gaias mit dem Meerwasser an beiden Seiten der Halbinsel sollte nicht übersehen werden. Genauso wichtig erscheint mir die Gebirgskette der Apenninen, die sich entlang des „Italienisches Stiefels" zieht und eine Höhe von 2914 Metern erreicht.

Sie ist geologisch immer noch aktiv, was die neueste Reihe der Erdbeben in Mittelitalien bezeugt. Auch der Vesuv, der einzige noch tätige Vulkan Europas, befindet sich in dieser Region.

Schaue ich mit meinem inneren Auge auf den Entstehungsprozess des Diskus auf der Apenninen-Halbinsel, so sehe ich eine hoch in den atmosphärischen Raum reichende Welle der mineralischen Kraft entlang dem Rücken der Apenninen aufsteigen und zu beiden Seiten der Halbinsel in die Meerestiefe hinunterstürzen. Dadurch kommt es zu einem intensiven Austausch zwischen dem Meerwasser, das die Fähigkeit besitzt, die Urmuster der Schöpfung zu speichern und dem Mineralreich, dessen Stärke das Wissen um den Aufbau von Formen in der manifester Welt ist.

Dabei sollten die blauen Wesenheiten des fünften Elements, mit denen ich im Labyrinth Ravne gesprochen habe, nicht vergessen werden. Sie dienen dem Schöpfungsprozess in der Funktion eines Mittlers, der die Urbilder in entsprechende Formmodelle umwandelt und geben dem Diskus des schöpferischen Prozesses seine charakteristisch blaue Farbe.

Wenn ich mich imaginativ innerhalb des kreativen Diskus der Apenninen-Halbinsel begebe und aus dieser Perspektive auf die Landschaft blicke, verändert sich die bekannte Form und Atmosphäre von Italien. Herumschauend erinnert mich die Landschaft an die einfachen, aber inspirierenden Formen, die wir zum Beispiel aus den Fresken von Giotto kennen. Auch spüre ich eine besondere Verbindung zwischen dem Raum des Diskus und mir als Menschenwesen; es ist, als ob ein Fraktal des Diskus als kreative Wesenheit in mir lebt. Zuerst empfinde ich eine Sensation in meinem Rückenbereich, die sich dann nach vorne in den Brustbereich zieht, um dort als Wasser der Schöpfung aus all meinen Herzporen zu spritzen. Wie überrascht bin ich über die Fähigkeit des Diskus der Apenninen-Halbinsel all diese kreativen Potenziale, die sonst ungenutzt im Menscheninnern schlummern, zum Leben zu erwecken.

Als ich vor kurzem in der Stadtlandschaft von Gubbio, in der Region Umbrien, eine künstlerische Werkstatt durchführte, vernahm ich einen bestimmten Ton, der von der Mitte des blauen Diskus im Bereich des Dreiecks zwischen der Trasimeno See, Assisi, und Gubbio ausging und sich von da aus um die ganze Erde herum ausbreitete. Dieser Ton kam mir wie eine Aufforderung zur Intensivierung der kreativen Prozesse auf Erden vor, die genau vom Mutterleib in Visoko ausgehen.

Die Stimme von Dalmatien

Wenn wir die Schichten der Bauchhöhle des Balkan von außen nach innen durchlaufen, erreichen wir von der Apenninen-Halbinsel kommend die östliche Küste des Adriatischen Meeres, die Regionen Dalmatien und Herzegowina. Diese beiden landschaftlichen Gebiete sind parallel zueinander positioniert und mit Kroaten besiedelt, obwohl nur Dalmatien zu Kroatien gehört, während Herzegowina eine Staatseinheit mit Bosnien bildet. Damit keine Verwirrung entsteht, möchte ich darauf hinweisen, dass wir uns hinsichtlich des Gesamtraums des Balkans rückwärts bewegen. Während wir von der Apenninen-Halbinsel kommend über die Adria Richtung Dalmatien gesprungen sind, bewegen wir uns nun in einer tieferen oder ursprünglicheren Dimension des Raums. Dalmatien berührend sind wir bei den Ursprüngen angelangt, welche die kreative Tätigkeit des blauen Diskus von Italien ermöglichen. Wie sollen wir uns das vorstellen?

Um diese Frage verständlich beantworten zu können, muss ich vorausschicken, dass es sich sowohl bei Herzegowina wie bei Dalmatien um relativ karge und unfruchtbare Landschaften handelt. Während Herzegowina von hohen Bergen durchzogen wird, ist Dalmatien unvorstellbar reich an Inseln; es gibt mehr als tausend davon.

Wenn ich mir Dalmatien und Herzegowina als ein Buch mit zwei aufgeschlagenen Seiten vorstelle, dann sollten wir als erstes das Buch schließen und danach wieder öffnen, um zu sehen, ob wir darin eine Botschaft finden, die uns Aufschluss über die Beziehung der beiden Regionen zum System von Visoko gibt.

Beim Öffnen des Buches erscheint vor meinen Augen ein Abgrund ohne Ende. Der Raum fühlt sich jedoch nicht leer an, sondern vermittelt eher den Eindruck eines schöpferischen Raums, in dem die Urmuster des Lebens, generiert durch das Pyramidensystem von Visoko, gerade eben ihren Weg in die Verkörperung zu finden. Deshalb sieht das kostbare Erbe von Visoko im Moment noch nach gar nichts aus, obwohl eigentlich schon alles vorhanden ist. Diese erste Phase des Übergangs von der kausalen auf die manifeste Ebene wird gewöhnlich mit dem schöpferischen Wort eingeleitet. Bevor die blauen Wesenheiten der Apenninen-Halbinsel  für einzelne Phänomene des Lebens entsprechende Urformen schaffen können, müssen diese – symbolisch gesprochen – erst einen Namen bekommen. Wir alle kennen wohl die ersten Worte des Evangeliums nach Johannes: „Am Anfang ist das Wort …".

Ich muss zugeben, dass ich die im ursprünglichen Zitat gesetzte Beziehung zur Vergangenheit bewusst in die Gegenwart gesetzt habe, weil ich den schöpferischen Vorgang der Weltentstehung nicht als etwas Vergangenes verstehe. Das Pyramidensystem von Visoko gibt zusammen mit Dalmatien ein Zeugnis davon, dass die lebendige Wirklichkeit in jedem Moment immer wieder neu entsteht und entstehen muss, um im Hier und Jetzt existieren zu können.

Wie entsteht jedoch in der Bauchhöhle von Europa das kreative Wort? Ich stellte mir diese Frage, als ich gerade auf einer Insel in Dalmatien, namens Iž, an einem Geopunkturkreis arbeitete, der den verschiedenen Aspekten des Adriatischen Meeres gewidmet ist. Als Antwort zeigte sich mir ein riesiger Engel, der mit seinen Beinen auf zwei verschiedenen Inseln Dalmatiens stand. Da nahm ich wahr, wie er sich zum Meeresspiegel

Die Inseln Dalmatiens und die Schöpfung des Worts

beugt und „das Wort" durch die Wassermembran des Meeres ausspricht. In diesem Moment verstand ich die tiefere Bedeutung der Tatsache, dass die wässrige Landschaft von Dalmatien mit mineralischen Inseln übersät ist. Der Rhythmus des intensiven Austauschs zwischen der mineralischen Substanz der Inseln und dem Wasser des Meeres erschafft die Konditionen, damit hohe Wesenheiten einer urbildlichen Dimension die einzelnen Sequenzen der Schöpfung benennen können. Auch Menschen können sich bewusst an diesem schöpferischen Prozess beteiligen, wenn sie sich dazu inspiriert fühlen. Unsere tausendjährige Kulturentwicklung liefert unzählige Beispiele dafür.

Die wunderbare Hand von Griechenland

Mit Blick auf den Großraum des Pyramidensystems von Visoko haben wir bislang drei Landschaften untersucht, die einer mehrschichtigen Hülle gleich Bosnien umhüllen. Dabei blieb der Raum Richtung Süden und Norden bisher offen. Wenn dem wirklich so wäre, würde das einen enormen Verlust an Kraft für die Botschaft des Balkans bedeuten. Die ins Mittelmeer reichende Hand Griechenlands verhindert einen solchen Kraftverlust im Süden. Doch warum sprechen wir hier überhaupt von der „Hand Griechenlands"?

Schauen wir uns die Form des griechischen Abschlusses des Balkans an, so fällt seine der menschlichen Hand ähnliche Form sofort ins Auge. Die vier Halbinseln des Peloponnes stehen für die vier Finger, die wir in einem der vorherigen Kapitel mit den vier Elementen und Evolutionen von Gaia gleichgesetzt haben. Sie sind in die Weite des Mittelmeers ausgestreckt. Dazu kommt noch der Daumen in Form der nach Südosten ausgebreiteten Region von Attika.

Der Süden von Griechenland wäre ein ideales Abbild der schöpferischen Hand Gaias, wenn es nicht einen tiefen vom Meerwasser der Korinthischen Bucht verdeckten Bruch gäbe, der den Daumen (Attika) vom Peloponnes und seinen vier Fingern trennt. Da die Römer schon in der Antike bei Korinth

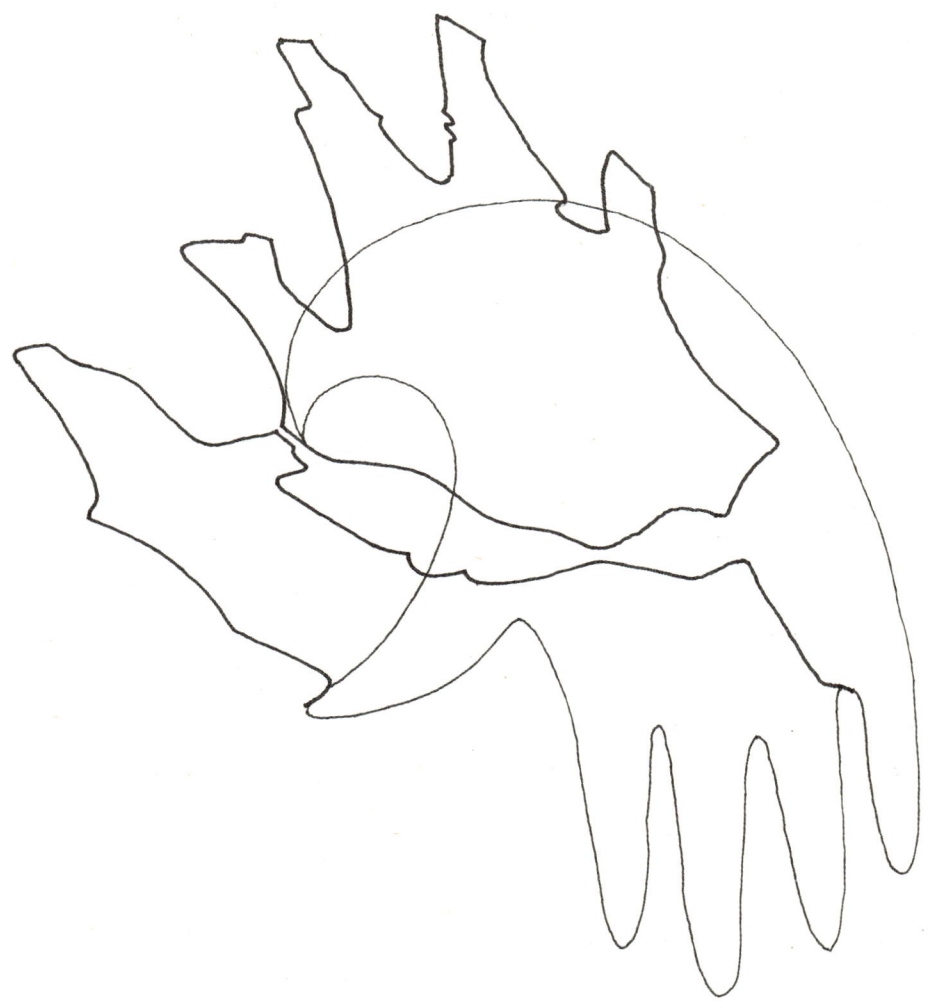

Die geographische und geistige Hand Griechenlands

einen Kanal gebaut haben, hat sich der Abbruch der Handfläche mit den vier Fingern deutlich verstärkt. Bedeutet diese Trennung eine Katastrophe?

Keineswegs! Wenn ich mich auf diese verwirrende Lage einstimme, so beginnt sich die Hand des Peloponnes nach innen in das Erdinnere zu drehen. Ohne diesen geologischen Bruch wäre die Umkehrung der Hand zum Erdinneren hin gar nicht möglich. Unterhalb vom Balkan reicht sie „rückwärts" bis nach Mitteleuropa hin. Was bewirkt die Hand Griechenlands tief unterhalb der Mitte Europas?

Während ich in meiner Intuition sehe, dass sie einen lichten Samen dorthin trägt, schaltet sich mein geschichtsbezogenes Wissen ein und ich erkenne die Bedeutung der griechischen Antike für das Fundament der europäischen Kulturentwicklung, besonders für den uns so wichtigen Begriff der Demokratie.

Ich kann sehen, wie dieser Samen im Unterbewusstsein von Europa erstrahlt und uns immer noch inspiriert, unabhängig davon, wie elend sich die politisch soziale Lage Griechenlands heutzutage darstellt. Ihr deprimierender Zustand ist eigentlich ein genaues Abbild davon, wie manipulierend unsere moderne Zivilisation mit dieser wunderbaren Inspiration umgeht.

Aufgrund der geschilderten Erfahrung können wir die Rolle Griechenlands bezüglich des Pyramidensystems von Visoko ganz gut verstehen. Es ist ihre Aufgabe, die aus dem Mutterleib von Visoko sprudelnden schöpferischen Impulse Gaias in Kultur schaffende Ideen und Projekte umzusetzen.

Das ist aber noch nicht alles. Wenn ich mich imaginativ mit Delphi verbinde, das sich zwischen dem heiligen Berg Parnass und der Korinthischen „Bucht" (dem Bruch) befindet, so reicht die Hand Griechenlands noch tiefer in das Erdinnere hinein. Sie führt mich bis tief unter den mineralischen Mantel der Erde, in die Lithosphäre hinein. Dort fühle ich mich im Heim von Gaia: Wegen des starken Lichts kann ich nichts sehen, doch ich werde mir bewusst, dass ich zusammen mit der Hand Griechenlands von dort etwas Kostbares an die Erdoberfläche trage. Ich würde es mit dem Begriff der Schönheit charakterisieren.

Dabei denke ich nicht an die exklusiv ästhetische Seite dieses Begriffs, sondern an die im Haus von Gaia erlebte Schönheit als Grundlage jeden Lebens. Auch wenn sich die gegenwärtige Menschheit – ausgehend von den vorherrschenden Kunstkonzepten – vehement gegen meine Überzeugung wehren würde, so gäbe es doch ohne die Qualität der Schönheit kein Leben auf Erden, zumindest keines, wie wir es kennen und lieben. Es sind die Harmonien, die sich im Außen als unterschiedliche Ausdrucksformen von Schönheit zeigen, welche die Welt Gaias mit all ihren vielfältigen Wesenheiten zusammenhält. Es braucht nicht betont zu werden, dass gerade die griechische Kultur in ihrer klassischen Phase unzählige Verkörperungen des Schönheitsideals erschaffen hat.

Die Alpen im Norden

Es ist kaum zu glauben, was für komplexe Lebenskraftsysteme Gaia, als Schöpferin des irdischen Universums im Dialog und in Zusammenarbeit mit unzähligen Wesenheiten der unterschiedlichen Evolutionen erschaffen hat! Der blaue Planet offenbart sich mehr und mehr als eine bewusste Schöpfung, aufgebaut aus unterschiedlichen Ebenen und ausgedehnt in verschiedene Dimensionen. Nicht das winzigste Detail ist zufällig entstanden, das gewaltige Gaia Bewusstsein kennt und liebt jedes Atom seiner planetarischen Familie. In diesem Sinne wird natürlich auch dafür gesorgt, dass die Lebensströme gebärende Bauchhöhle von Europa genauso wie im Süden auch im Norden einen perfekten Abschluss erhält, um ihrer Rolle gemäß auch dort wirken zu können. Es ist die Alpenkette, die als gigantische Schöpfung des Mineralreichs den Raum des Balkans Richtung Norden abschließt.

Stellt sie für die subtilen Botschaften des Pyramidensystems nicht eine fast unüberwindbare Barriere dar? Nein, es ist genau umgekehrt! Die Welt der Steine offenbart sich dem sehenden Auge als ein Reich des Bewusstseins. Die Lithosphäre können wir als eine Verkörperung des Gaia Bewusstseins ansehen und das Mineralreich als jenen Aspekt des Gaia Bewusstseins, der für die Verkörperung des Erdkosmos zuständig ist. Feine Mineralteilchen, überall in den Körpern der Pflanzen, Tiere, Menschen, der Berge, Ozeane und Landschaften

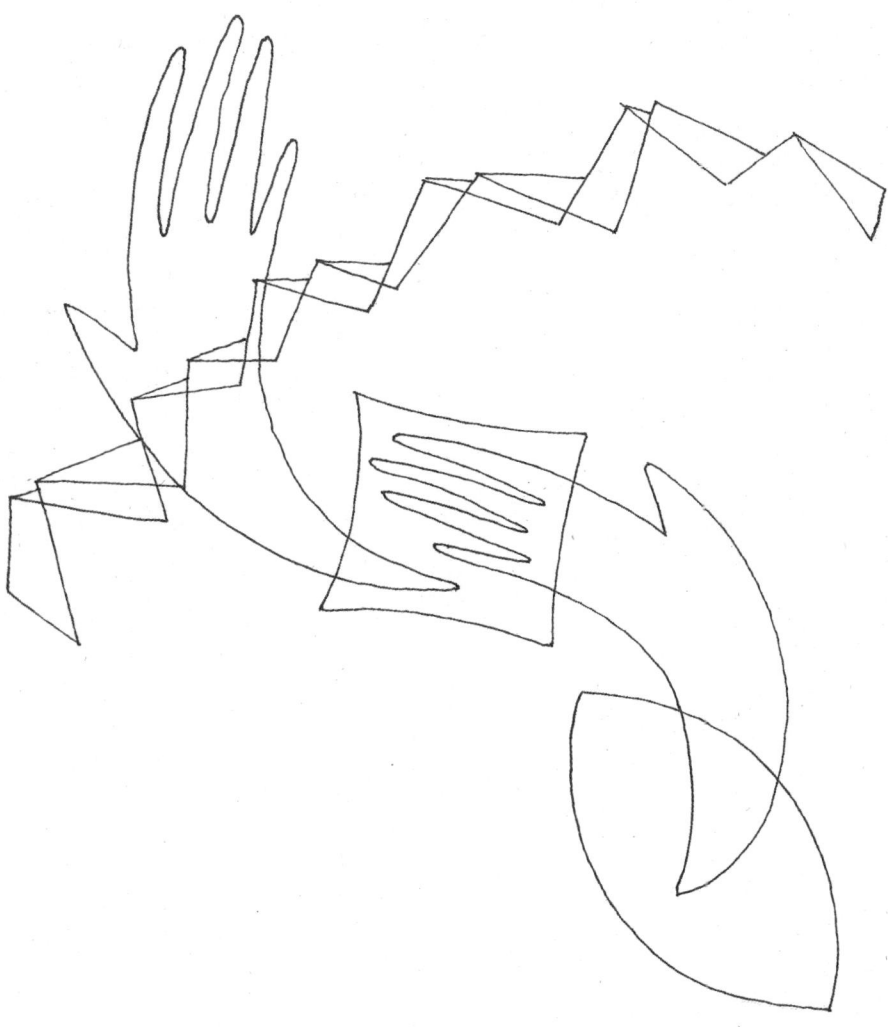

*Die Beziehung zwischen dem Mutterleib von Bosnien,
dem elementaren Herzen von Europa und der Alpenkette*

verteilt, machen es letztendlich möglich, dass wir alle als Wesenheiten des unsichtbaren Bewusstseins verkörpert werden und die materialisierte Dimension des blauen Planeten genießen können. Was für ein Geschenk!

So gesehen kann man verstehen, dass die Alpenkette ein Tor darstellt, durch das die Botschaften und Kräfte des Pyramidenkomplexes von Visoko und seiner in den letzten Kapiteln beschriebenen begleitenden Systeme in Richtung Mitteleuropa befördert werden können. Die Alpen sind natürlich kein einfaches Durchgangstor, sondern wirken wie ein interdimensionales Portal mit der Funktion, den „feinstofflichen" Charakter der Visoko Botschaften in Impulse umzuwandeln, die die Entstehung der manifesten Ebene der Erde fördern und ständig erneuern können. Es ist nicht selbstverständlich, dass die Erde in Kooperation mit uns allen auch eine stoffliche Ebene ihrer Existenz entwickelt hat. Diese ist besonders empfindsam und wertvoll – bis heute ist es Astronomen nicht gelungen, einen anderen Planeten zu finden, der solch eine Fähigkeit besäße.

Übersetzt auf den menschlichen Körpers geht es bei der Beziehung zwischen Visoko und der Alpenkette um die Rolle des sogenannten elementaren Herzens. Das elementare Herz des Menschen sehe ich als ein holographisches Teilstück oder Fraktal des Herzens der Erde, positioniert unterhalb des Brustbeins. Seine Funktion besteht darin, die lebensgebärenden Impulse der Bauchhöhle in die Herzqualitäten des Brustkorbs umzuwandeln. Aufgrund dieser Wandlung entsteht ein Bewusstseins- und Kraftraum, in dem sich das vielfältige Herzsystem des Menschen entwickeln kann. Dabei denke ich nicht nur an die Herzzentren des vorderen Brustbereichs, sondern auch an die des Rückenraums, die ich in meinem Buch „Universum des menschlichen Körpers" genauer beschrieben habe. Das elementare Herz schafft sozusagen einen Rahmen, in dem sich das Herzsystem entfalten kann.

Bezogen auf den kontinentalen Körper von Europa dehnt sich der Herzraum zwischen den Externsteinen, Aachen, Bern und Prag durch Mitteleuropa aus. Die Alpenkette könnten wir in diesem Bild mit dem Zwerchfell des Menschen vergleichen. Das verbindende Glied zwischen dem Herzraum Mitteleuropas und der Bauchhöhle des Balkans würde ich mit dem elementaren Herz beim Menschen vergleichen. Dieser befindet sich im Falle des Körpers von Europa im Bereich zwischen Venedig, Großglockner, Maribor und Plitvice. Die vier Orte bilden zusammen eine rhomboide Form, die ich als das elementare Herz dieser Landschaft deute, das zwischen Balkan und Mitteleuropa mediiert.

Der Großglockner im Norden mit seinen 3798 Metern Höhe ist ein heiliger Berg, der als höchster Berg Österreichs mitten im Hauptkamm der Alpen empor ragt. Plitvice in Kroatien unweit der Grenze zu Bosnien ist ein weltweit berühmtes Wasserheiligtum mit unzähligen Seen und Wasserfällen.

Maribor im Osten Sloweniens hält die Beziehung zu den Feenwelten der Sidhe aufrecht. Venedig – mitten in der breiten Lagune strahlend – beherbergt das Wissen, wie Naturkräfte in Kulturformen verwandelt werden können.

Alle vier Orte stehen zusammen mit den dazu gehörigen Landschaftstempeln für all die Qualitäten, die gebraucht werden, damit die Stimme des Pyramidensystems von Visoko in der Mitte von Europa gehört wird und sich von dort der Welt offenbaren kann.

Gaia und ihr kreatives System Zentriert im Bauch von Europa

III. Teil
Thomas von Rottenburg

Die Wesen der Ätherischen Öle als Helfer für den Übergang in die NEUE ZEIT

Nach den direkten Zugängen von Ana und Marko zur Landschaft der Pyramiden und zu ihrer Mission für uns Menschen möchte ich nun die ätherischen Öle als eine Brücke zur Kraft der neuen Zeit einführen. Je mehr wir uns in das enorme Potenzial der bosnischen Pyramiden vertiefen, desto deutlicher wird dessen Bedeutung für die Erdwandlung und die dazugehörende persönliche Wandlung. Genau hier setzen die ätherischen Öle an. Sie helfen uns, die innere Bereitschaft und die Fähigkeiten auszubilden, die wir für diesen fundamentalen Wandlungsprozess brauchen werden. Zudem können sie uns genau die Bereiche in uns zu zeigen, die wir heilen, verwandeln und stärken sollten. Sie wollen uns die Hand reichen, damit wir zu echten Mitschöpfern der neuen Erde werden und somit in unsere höchste Menschenbestimmung kommen. Unsere ganz persönliche Entwicklung ist der entscheidende Schlüssel. In diesem großen Werk können uns die ätherischen Öle viele Türen öffnen. Sie befeuern uns dazu, dass wir über alles Alte hinauswachsen und stark genug werden, diese für uns noch so unbekannten Zukunftskräfte aufzunehmen. Die Verbindung der Öle mit der Rolle der Pyramiden erschließt sich auf der Ebene ihrer geistigen Essenz. Beide verbindet eine innige geistige Verwandtschaft.

Der Zugang zu den Wesen der ätherischen Öle

Ätherische Öle sind nicht nur mehr oder weniger gut riechende Substanzen, die auch manch heilsame Wirkung hervorbringen. Wirklich interessant wird es erst, wenn wir uns darauf einlassen können, dass sie lebendige Wesen sind, mit denen wir in einen regen Austausch kommen können. Sie haben uns Entscheidendes zu sagen und sind bereit, uns ihre hohe geistige Substanz zu vermitteln. Die einzige Voraussetzung ist, dass wir ihre Sprache lernen und uns öffnen, um ihr Wesen in uns aufzunehmen. Und beides ist einfacher, als es erscheinen mag. Wir werden reich beschenkt, wenn wir unseren Weg in ihre Tiefen finden. Je inniger unser Verhältnis zu ihnen, desto stärker die Kräfte, die sie vermitteln können.

Im Text wechsle ich immer wieder zwischen den Ausdrücken ätherische Öle und Ölwesen. In beiden Fällen meine ich die gesamte Erscheinung der Öle von der physischen bis zur geistigen Ebene.

Jedes ätherische Öl trägt und vermittelt ein höheres geistiges Lebensprinzip. Das Lebensprinzip ist der Hintergrund aller seiner Wirkungen und sogar seines biochemischen Aufbaus. Auch die Heilwirkungen eines Öls beruhen auf seinem geistigen Prinzip. Man kann sagen, ein ätherisches Öl ist geronnene Materie, verkörperte geistig-seelische Kraft. Ätherische Öle sind die geistigsten Substanzen auf der Erde. So unterschiedlich wie sie riechen, so unterschiedlich sind auch ihre Lebensprinzipien. Manche stärken uns eher in unseren alltäglich-praktischen Fähigkeiten, wie das Thymian-thymol-Öl, einige sind Meister darin, mit dunklen Kräften umzugehen, wie das Silberwermutöl; manche sind ganz auf die Lichtkräfte ausgerichtet, wie das Annakrautöl; manche, wie beispielsweise das Berghemlocköl, helfen, eine schwere Vergangenheit zu bewältigen; wieder andere verbinden ganz mit dem Zukünftigen. Mit den Ölwesen und der reichen Vielfalt ihrer Lebensprinzipien stehen uns kraftvolle Lehrmeister, Heiler und Wegbegleiter zur Seite.

Die besprochenen Ölwesen sind, ähnlich wie die in den bosnischen Pyramiden verankerte Kraft, schon innig mit dem Zukünftigen der Erde und der Menschheit verbunden. Sie kommen uns aus unserer eigenen Zukunft entgegen. Es geht um den neuen Menschen. Als Menschheit bewegen wir uns darauf zu – natürlich mit den dazugehörigen Geburtswehen. Je bewusster wir uns innerlich schon auf diesen neuen Menschen orientieren, je stärker wir seinen Ruf erhören, desto stärker wird er in uns wachsen können.

Es kommt noch etwas anderes hinzu: Ätherische Öle entstehen durch den Prozess der Destillation. Dabei stirbt das Pflanzenwesen, weshalb frisch destillierte ätherische Öle erst einmal verbrannt riechen. Der Destillateur spricht vom Destillationsschock. Je nach Öl braucht es Wochen, Monate oder gar Jahre, bis es seinen gesamten Geruchskörper und damit seine neue Konstitution aufgebaut hat. Das Ölwesen ersteht auf einer höheren und geistigeren Ebene wieder auf. Es konstituiert sich vollkommen neu. Das erklärt, warum ätherische Öle recht anders riechen als die Pflanze, aus der sie destilliert werden.*

Ätherische Öle sind ein Gemeinschaftswerk von Pflanzenwelt und Menschenhand. Aus diesem Grund ist die innere Haltung des Destillateurs, seine innere Anteilnahme an diesem Geburtsprozess, entscheidend für den inneren Reichtum des Ölwesens und somit für die Qualität des ätherischen Öls.

Die ätherischen Ölwesen sind gestorbene und wiederauferstandene Wesen – die Arbeit mit den ätherischen Ölen ist eine Auferstehungsmedizin.

Eine andere Eigenschaft der ätherischen Öle macht sie für unsere Entwicklung und Heilung besonders wertvoll: Die Flüssigkeit ist ihr physischer Körper, doch sind sie viel mehr geistige Wesen als physische. Folgende Begebenheit macht das deutlich: Wenn wir an einer Rosenblüte riechen, haben wir alle dasselbe Dufterlebnis und würden den Duft ähnlich beschreiben. Riechen wir allerdings ein Rosenöl, ohne dabei zu wissen, dass es ein Rosenöl ist, werden wir die unterschiedlichsten Geruchserlebnisse haben. Für den einen riecht das Rosenöl nach Garage, für den anderen nach Essig, für den Nächsten nach Schimmel und für manche riecht es rosenartig. Für einige ist es aufdringlich oder künstlich, für andere lieblich. Was wir riechen, ist unser eigener Entwicklungsstand im Lebensprinzip des Rosenöls. Das heißt, angeregt durch das Rosenöl, entsteht eine eigene Duftnote, die wir als Spiegelung unseres Seelenzustandes verstehen können. Habe ich immer wieder schmerzhafte Liebesenttäuschungen erlebt und vielleicht meinen Glauben an die Liebe ganz verloren, mich für sie und ihr Prinzip verschlossen, dann wird das Rosenöl für mich unangenehm, beispielsweise nach Schimmel, riechen. Das Liebesprinzip des Rosenöls leidet in mir. Mache ich mich allerdings mit Hilfe des Rosenölwesens auf den Weg, meine Liebesenttäuschungen zu verarbeiten und zu heilen, dann wird sein Öl für mich immer angenehmer und lieblicher riechen.

---

* mehr dazu in meinem Buch: „Heilkunde der Ätherischen Öle" 2015, Neue Erde.

Im Geruch des ätherischen Öls haben wir also ein objektive Bestandsaufnahme, die uns sagt, wo wir uns innerhalb seines Lebensprinzips innerlich befinden. Doch das ist nur der Anfang: Trete ich in einen inneren Dialog mit dem Ölwesen, um zu verstehen, warum sein Lebensprinzip bei mir im Argen liegt, wird es mir genau die Situationen meines Lebens, beziehungsweise vergangener Leben zeigen, wodurch sein Prinzip in mir leidet. Da es ein Meister und Heiler seines höheren Lebensprinzips ist, kann es mir helfen, diese Situationen zu verarbeiten. Alles, was ich dazu zu tun brauche, ist, mich ganz seinem Wesen zu öffnen, seinen Botschaften zu lauschen, die in meinen Gedanken auftauchen werden, den Bildern und Einsichten zu trauen, die ich mit seiner Hilfe gewinne. Ganz bewusst verbinde ich mich immer inniger mit seinem Wesen, nehme es immer tiefer und stärker in meinen Körper auf. Mit der Zeit wird sich ein für mich unangenehm riechendes Öl – so unangenehm dass es sogar Brechreiz auslösen kann – durch diesen Prozess in meiner Duftwahrnehmung derart verändern, dass ich es als höchst angenehm empfinde. Sein höheres Lebensprinzip, das mir bislang in seiner verstrickten Version nur Schmerz und Scham bereitet hat, wirkt nun zutiefst nährend, stärkend und heilend. Auf diese Weise kann ich selbst mehr und mehr zum Ausdruck seines himmlischen Prinzips werden.

Wir haben mit den ätherischen Ölen kraftvolle Verbündete, die uns helfen, Unerlöstes, Traumatisches oder Abgespaltenes zu heilen, um dadurch ihr himmlisches Potenzial in uns zur Blüte kommen zu lassen. Darüber hinaus geben sie uns die Kraft, all das zu überwinden, was dieser Entfaltung in uns im Wege steht.

Im Kontext der bosnischen Pyramiden geben sie uns konkrete innere Handwerkszeuge an die Hand, um die Wandlungsimpulse der Pyramiden wirklich in unsere alltägliche Lebensrealität zu bringen. Das macht die Wesen der ätherischen Öle zu verlässlichen Helfern auf unserem Entwicklungsweg zur neuen Erde.

Noch ein Wort zur Öleauswahl

Über Jahre erforschten Ana, Marko und ich die Kräfte der bosnischen Pyramiden und lebten mit diesem Thema. Als wir uns für dieses Buch mit den über 200 Ölen verbanden, die ich in den letzten 20 Jahren erforschte, traten die Wesen dieser drei Öle als Träger der Wandlungsimpulse von den bosnischen Pyramiden hervor. Interessanterweise sind gerade die drei ausgewählten Öle für mich eher neu und werden teilweise erst seit wenigen Jahren in dieser besonderen Qualität destilliert.

Selbstverständlich sind diese drei Ölwesen nicht die einzigen, die mit der Mission der bosnischen Pyramiden thematisch zu tun haben. Allerdings ragen sie durch ihre Eigenschaften auch innerhalb der Welt der Ölwesen deutlich heraus. Sie stehen exemplarisch für eine ganze Reihe von ätherischen Ölen, von denen wir die meisten noch gar nicht kennen. Sicher werden wir in nächster Zukunft so manche Öle entdecken, die in diesem Zusammenhang Entscheidendes eröffnen werden. Dies ist ein großes Zukunftskapitel, das wir gerade erst beginnen aufzuschlagen.

Wie wende ich die ätherischen Öle am besten an?

Ein wenig ist dieses Thema bereits angeklungen, doch möchte ich auf die Anwendung der ätherischen Öle in unserem Kontext noch einmal genauer eingehen:

Es geht mir im folgenden nicht um eine allgemein therapeutische Anwendung der Öle, sondern darum, wie wir ihre Kraft, ihre Liebe und ihre hohen Lebensprinzipien am besten in unsere Seele aufnehmen können. Dabei sind diese drei Öle kräftige Verbündete. Sie helfen uns, die inneren Fähigkeiten und Qualitäten auszubilden, die wir für den Übergang in die neue Zeit brauchen werden. Da es sich nicht um einen von vielen Übergängen der Menschheit handelt, sondern um einen echten Quantensprung, braucht es entsprechend starke und fundamental wirkenden Öle, die uns dabei helfen können.

Die einfachste und oft stärkste Art der Anwendung ist das meditative Riechen.

Wenn wir ein Öl riechen, wirkt das Ölwesen schon in uns. Je bewusster wir dieses Riechen mit unseren inneren Prozessen verbinden, desto stärker kann das Ölwesen mit uns arbeiten. Eine wirklich starke und fruchtbare Zusammenarbeit kann sich nur in einem bewussten Miteinander vollziehen. Ich spüre, wo das Ölwesen in meinem Körper hingelangt, wo ich mich problemlos für sein Wesen und sein Lebensprinzip öffnen kann und wo nicht. Im nächsten Schritt versuche ich, mich bewusst auch in den Bereichen meines Körpers zu öffnen, wo das Öl nicht von alleine hinkommen kann, wo es Widerstände in mir gibt. Idealerweise kann ein Öl überall von Kopf bis Fuß hingelangen. Je tiefer ich ein Öl in mich aufnehme, desto tiefer kann sich sein Wesen und seine Kraft in mir inkarnieren. Gleichzeitig intensivieren wir den oben geschilderten meditativen inneren Dialog mit dem Ölwesen. Mit der Zeit kann es in einer so durchgeführten Riechmeditation zu einer wahren Kommunion, einer Wesensvereinigung zwischen unserem Wesenskern und dem Wesen des Öles kommen.

Die andere besonders wirksame Methode ätherische Öle in sich aufzunehmen, sind die Öldispersionsbäder.** Normalerweise wirken ätherische Öle „nur" bis in den Emotionalleib. Die Öldispersionsbäder dynamisieren die Öle so, dass sie eine Stufe höher, d.h. bis auf die Ebene unseres Wesenskerns, unseres Ichs, wirken können. Erst dann kann die Wesensverwandtschaft der ätherischen Öle mit unserem Wesenskern zu voller Geltung kommen und sich die Wirkung der Öle potenzieren. Sowohl unser Ich wie die ätherischen Öle sind Feuerprinzipien, beide sind sie feuriger Natur.

Ein Wirbelverfahren dynamisiert das Öl und bereitet es ideal für die Aufnahme in unseren Wesenskern vor. Im Bad gelangen feinste Öl-Wasser-Tröpfchen durch die Haut ins Blut und werden dort abgebaut. Dabei werden die innewohnenden Kräfte des Öles freigesetzt. Wir bekommen sozusagen eine kosmische Lehrstunde, in der unser Wesenskern oder unser Ich das Lebensprinzip des Ölwesens, seine Kraft und Qualitäten, ganz in sich aufnimmt. Dies zeigt sich als

---

** Die Öldispersionsbäder gehen zurück auf das Ehepaar Junge, die sie 1937 auf einen Hinweis von Rudolf Steiner hin entwickelt haben. Mehr dazu in meinem Buch: „Heilkunde der Ätherischen Öle" 2015, Neue Erde.

ausgesprochen immunstärkend, heilsam und stärkt das innere Wachstum in besonderer Weise. Nach dem Bad ruht man für eine Stunde, eingehüllt in wärmende Tücher. So kann das Öl ungestört abgebaut werden und die damit einhergehende Wesensverbindung zwischen unserem Ich und dem Ölwesen sich optimal entfalten.

Man kann die Öldispersionsbäder hervorragend zu Hause für sich selbst anwenden.***

Noch ein paar Worte zu den Ölbeschreibungen:

Neben den faktischen Teilen der Pflanzenbeschreibung und Indikationen beschreibt das Lebensprinzip des Ölwesens den Hintergrund für seine Wirkung und seine Vorgehensweise. Das Lebensprinzip ist das Resultat der Erfahrungen mit dem Öl in der geistigen Forschung, in Seminargruppen sowie in der therapeutischen Einzelarbeit.

In den kursiv gedruckten Abschnitten (z. B. *„Das Ölwesen der Surinamkirsche"*) öffne ich mich selbst meditativ für das Ölwesen und empfange seine Botschaft.

*** Alles, was es dazu braucht, sind eine Badewanne, ein Öldispersionsgerät, das das ätherische Öl im Wasser feinstverteilt, ohne es durch einen Emulgator zu verseifen, das ätherische Öl sowie etwas Zeit und Muße. Um die erwünschte feinste Tröpfchenbildung zu erreichen, wird das ätherische Öl in ein fettes Trägeröl, in der Regel Olivenöl, gegeben.

Das ätherische Öl der Surinamkirsche

Das ätherische Öl der Surinamkirsche (Eugenia uniflora) wird aus den Blättern des Baumes gewonnen, der ursprünglich im östlichen Südamerika von Surinam bis Uruguay beheimatet ist. Obwohl in den Tropen und Subtropen zuhause, ist er bemerkenswerterweise sogar frosttolerant. Der Baum stammt aus der Familie der Myrtaceen, wird 8 - 10 Meter groß und schickt seine Pfahlwurzel tief in den Boden. Im Herbst verfärben sich seine Blätter rot. Aus den kleinen weißen Blüten entstehen kleine, rote, gerippte, lampionartige Früchte. Sogar die Früchte enthalten kleine Mengen des ätherischen Öls. Die starke Präsenz der roten bis dunkelroten Farbe kündet von der Stärke des Feuerprozesses im Baum und in seinem Öl. Es ist ein einmaliger Vorgang, dass eine Pflanze den ätherischen Ölprozess sogar bis in das Fruchtfleisch einer zu genießenden Frucht führt.

Das Ölwesen der Surinamkirsche: Wie mein Duft Dir schon kündet, bin ich ein Wesen von üppiger Fülle. Den Allermeisten genügt es schon, von meiner Fülle zu kosten. Doch an meinen wahren Kostbarkeiten gehen sie vorbei. Meine dunklen, doch so nährenden Tiefen ebenso wie köstlich beschenkende Höhen bleiben ihnen verschlossen. Ja, ein wenig Mut und eine Prise Verwegenheit braucht es schon, um zu den Quellen meiner Freude zu gelangen. Und ich versichere dir, es ist ein Weg, der sich lohnt! Doch zunächst geht mein Ruf in die Tiefe – wie willst du Höhen erklimmen, wenn du die Tiefe nicht durchschritten hast? Erst der Tiefe Geheimnisse öffnet euch die Pforten für die himmlischen Offenbarungen. Erst der Tiefe Prüfungen befähigt dich, in rechter Weise mit den himmlischen Kräften umzugehen. Folgst du jedoch dem Ruf der Tiefe und scheust dich nicht, die Arbeit der großen Verwandlung, der großen Läuterung in deiner Seele anzugehen, dann bereitest du dich für etwas Großes. Ich führe dich in deine dunkelsten Kammern, deine schmerzhaftesten Wunden wie zu deinen größten Hindernissen. In alledem helfe ich dir, tiefste Pein und Verstrickung in große Kraft zu *wandeln. Nun überlasse dich mir. Gebe dich hin, wie du dich vielleicht noch nie hingegeben hast und lasse mich dich umschmelzen. Übergebe dich ganz meiner Kraft aus den tiefsten Tiefen der Erde. Überlasse dich deiner Göttin. Lass sie dich erneuern.*

Mein Duft schon läßt Dich vielleicht erahnen, dass ich ein Drachenwesen bin. Ich bin ein Hüter von Urkräften. Dadurch vermag ich, Schwierigstes zu Wunderbarem zu läutern.

Wie überall sonst, so gibt es auch in den Drachengefilden die segensreiche Seite der Drachen und die Gegenseite. Aus euren Märchen kennt ihr nur die unguten. Nun ist es an der Zeit, dass ihr die Fülle der Möglichkeiten erlebt, die sich für euch durch die wahren Drachenkräfte eröffnen.

Auch du bist Träger einer Urkraft, deiner Urkraft – auch wenn du sie vielleicht nur in seltenen Momenten spürst oder auch nur erahnst. Auch du kannst zum Träger meiner Kräfte werden. Liebend gerne führe ich dich dabei. Nur wisse, hier kannst du nichts steuern, nichts wollen und schon gar nichts wissen. Hier kannst du dich nur öffnen, öffnen und noch einmal öffnen. Hier wirst du ganz und gar zum Gefäß einer höhere Gnade. Wie auch ich zum Gefäß einer höheren Gnade geworden bin. So gib dich hin und lass mich dich in deinem tiefsten Grund erneuern.

Nun kannst du mitwirken an dem großen Werk der Verwandlung dieser Welt und dieser Erde. Dein Mut, dein Vertrauen, dein Glaube und deine Liebe haben dich geleitet und siegen lassen. Dein Sieg kann nun ein Sieg für viele werden. Übergibst du dich ganz meinen Kräften, dann hast du dich selbst zum Krieger der Drachenkraft erwählt. Du bist ein Krieger der Liebe geworden. Verbunden mit den Urkräften der Göttin Erde und dem Segen des Himmels wird nun möglich, wovon du zuvor nur träumen konntest. Doch sei dir stets gewahr, es sind Urkräfte, die, der Dunkelheit entrungen, nun in rechter Weise ins Leben fließen wollen. Verwechsele nie meine Kraft mit deiner eigenen. Je größer die Kraft, die durch dich fließt, desto bescheidener sollst du werden. Das ist dein größter und dein einziger Schutz – und den wirst du brauchen. Danke stets den Tiefen, von denen du so begnadet wurdest, dann gehst du richtig. Wende dich an mich, wenn du nicht weiter weißt – ich werde dich immer gut führen können.

Sei dir bewusst, je stärker deine Taten, je größer deine Wirkung, desto erbitterter auch die Gegnerschaft, der du begegnen wirst. Die Gegenseite schläft nicht. Und die Begegnung mit ihr ist nicht nur wichtiger Teil deines Weges, sondern auch Schlüssel deines Wachstums. So bleibe unbeirrt. Bleibst du der Wahrheit und der Liebe treu, wirst du siegreich aus all diesen Herausforderungen hervorgehen und durch sie nur weiter wachsen. Freue dich ob deiner wunderbaren Aufgaben. Was gibt es Schöneres, als zu helfen, dass das Leben auf der Erde mehr und mehr zu seiner wahren Bestimmung kommt. Ist das nicht euer Menschen edelste, schönste und erfüllendste Aufgabe... Darum nimm mein Wesen und meine Kraft immer tiefer in Dich auf. Je mehr ich dich bereichern kann, desto mehr bereicherst du auch mich.

Das Lebensprinzip des Surinamkirschöls

Mit dem Ölwesen der Surinamkirsche durchdringt uns eine vollreife, angenehm schwere, warm-süße und gleichzeitig etwas herbe, mild gepfefferte Fruchtigkeit. Eine Fruchtigkeit, die zu ihrer schönsten irdischen Form gereift ist. Das Ölwesen vermittelt eine ungekannte Gelassenheit. Ein ganz besonderes Lebensgefühl stellt sich ein: Es ist vollbracht, die Arbeit ist getan und etwas Wunderbares ist daraus geworden. Es ist Zeit zu feiern, ausgelassen zu sein und sich gemeinsam an dem Vollbrachten zu erfreuen. Wir sind durch etwas Schwieriges und doch so Lohnendes hindurchgegangen und sind daran erstarkt und gereift.

Dieses Öl aktiviert alle Systeme, ölt den ganzen Körper innerlich ein. Das Nervensystem ist wach und trotzdem entspannt. Die Verdauungssäfte fließen, der Kreislauf ist beschwingt. Es geht um einen Aufbruch, um eine Selbstermächtigung, für die es keine Vergleiche gibt. Der Duft des Surinamkirschöls setzt einen starken Maßstab. Kann ich dieses angebotene Niveau von Kraft, von Aktivität und Lebensintensität ins Leben bringen? Die richtigen Menschen finden zusammen und setzen eine starke Kraft in Gang. Was geschieht, wird aus einem tiefen, synchronen Willen gespeist. Doch sind es gewiss nicht die ausgetretenen Pfade, die vorgedachten Gedanken oder der wohlbekannte alte Wein in neuen Schläuchen. Hier bricht sich Menschheitsevolution Bahn, hier geht es kraftvoll, beschwingt, gemeinsam, mit warmem Herzen und ohne Hast voran. Das Ölwesen der Surinamkirsche fragt uns: „Bist du ein lebendiger Teil der Menschheitsevolution und damit in deiner wahren Bestimmung? Schaffst du köstliche Früchte, die dich und andere laben? Bist du grau und öde oder bist du farbenfroh und sprühst?"

Haben wir von dieser Frucht gekostet, können wir nicht mehr im Leben schlafen, oder uns geschäftig in „wichtigen" Nebenschauplätzen verlieren. Hier ruft das sprühende Leben. Und zwar nicht in seiner Blüte, sondern in einer wunderbaren Fruchtigkeit. Was in diesem Geist geschaffen wird, nährt die Grundsubstanz des Lebens. Es sättigt zutiefst und macht Freude. Hier geschieht Gedeihliches. Es beschwingt in höchstem Maße. Das Leben ist nicht als Pflichterfüllung gedacht und auch nicht, um nur Karma abzuarbeiten, erst recht nicht als Überlebenskampf – auch wenn das die Lebensrealität für so viele heute ist. Das Surinamkirschölwesen rückt hier jedes Missverständnis zurecht.

Es ist an der Zeit, dass wir als Menschheit erwachen, dass wir die momentane leidvolle Abwärtsbewegung in eine Aufwärtsbewegung verwandeln und wieder in eine gedeihliche Harmonie mit der Natur und der Erde kommen. Aber sind wir wirklich schon dazu bereit? Was steht uns noch im Wege?

Beim Wesen des Surinamkirschöls geht es genauso um die Verbindung mit ungeahnten Tiefen wie um unsere Anbindung mit dem Universum. Bin ich mit dem, was ich tue, im Einklang? Lasse ich die mir geschenkten Gaben zu köstlichen Früchten reifen?

Das Surinamkirschöl verbreitet förmlich Enthusiasmus. Es reißt uns mit. Hier geht es nicht um stetes Bemühen. Doch die rechte Handlung begeistert, ernährt und beglückt. Die Pause ist genauso wichtig wie das frohe Schaffen. Unser gutes altes Verstandesdenken hat da längst die Segel gestrichen – hier wird mit dem Herzen gedacht. Wir können durchaus an die Ewigkeit heranreichen, sie wird spürbar und beglückt.

Dazu sind wir nie alleine – auch wenn wir das so oft vermeinen. Nein, das ganze Universum ist mit uns. Große, wunderbare Aufgaben warten auf uns. Jeder Augenblick hält Neues bereit. Neue Ideen, neue Wege, neue Blickwinkel und neue Möglichkeiten. Neue Menschen wollen mitkommen – sind wir bereit und offen für sie, auch wenn sie vielleicht nicht so aussehen, wie wir erwartet haben?

Das Surinamkirschölwesen möchte, dass wir unseren Stern erstrahlen lassen. Es ist eine Fruchtigkeit, die nach den Sternen greift. Eine Fruchtigkeit, die von den Tiefen getränkt mit den Sternen spricht und sich von ihnen inspirieren läßt.

Doch erlebe ich auch, dass dieses Öl manche Menschen beängstigt – diese Kraft und Unbefangenheit kann durchaus Angst machen! Seine Kraft ist nämlich nicht kontrollierbar und nicht steuerbar und schon gar nicht zu verwalten. Sie steuert sich selbst mit einer Weisheit und Liebe, der wir uns nur überlassen können. Jeder Versuch einzugreifen, sich einzumischen oder zu bremsen führt nur zu Schmerz und erwürgt den weisheitsvollen Strom. Man kann sich nicht vorbereiten, diese Kraft kommt wie ein Tsunami und holt alles hoch, was wir loslassen müssen. Es kann nichts akzeptieren, was stagniert. Genauso zerstört es alle Urteile, Dogmen und Glaubenssätze und zeigt uns, woran wir noch festhalten. Es bringt das Beste, was wir haben, in uns hervor. Unser ganzes Potential tritt zutage. Endlich können wir unseren wirklichen Platz einnehmen. Doch bleibt auch hier unsere Freiheit in jedem Moment gewahrt. Benutzen wir sie falsch, vermeinen wir es besser zu wissen und kontrollieren zu müssen, begeben wir uns der Gnade, der wir durch das Surinamkirschölwesen teilhaftig werden können.

Mit diesem Ölwesen können wir Berge versetzen. Es besteht darauf, dass wir in unseren vollen Ausdruck gehen. Dazu ein Beispiel einer Teilnehmerin, die schon seit vielen Jahren an den Seminaren teilnimmt, über 60 Öle mit erforscht und durchlebt hat. Sie schont sich nicht und schaut mutig ihre Schatten an. Vieles hat sie bereits verwandelt und sich selbst schon sehr befreit. Doch ein grundsätzlicher, alles dominierender Selbstzweifel, ihr grundsätzliches Misstrauen dem Leben gegenüber war gegen alle bisherigen Öle gefeit. Nach einer guten Stunde Vertiefung mit dem Surinamkirschöl in der Gruppe sagte sie: „Dieses Öl ist schmerzhaft für mich. Es zwingt mich zum Leben. Es zieht mich aus den Wolken. Alles tut mir weh. Es ist so schmerzhaft zu sehen, dass ich das Leben nicht wirklich annehme. Mein ganzer Körper weint. Gleichzeitig spüre ich eine Entspannung wie nie zuvor. Das Öl nimmt mir den Wiederstand gegen das Leben weg. Es befreit mich von dieser unsäglichen Spannung. Ich fühle mich angenommen wie nie zuvor. Bisher war ich im Zustand eines Kindes geblieben, nun will ich erwachsen sein und auf eigenen Füßen stehen – leider erst jetzt." Die Gruppe war zutiefst berührt. Sie sah ganz verändert aus. Geklärt, aufgerichtet, viel weicher, freundlicher, von einer riesigen Lebensbedrückung erlöst. Diejenigen, die sie schon viele Jahre kannten, konnten es kaum glauben. In ein paar Sätzen brachte sie alles auf den Punkt und fand regelrecht im Handumdrehen mit diesem Öl ihre Erlösung. Das Surinamkirschöl war stark genug, den Urgrund ihrer Lebensverneinung aufzuspüren. Sie empfand auch die körperlichen Wirkungen ihrer bislang unbewussten Haltung. Das Öl gab ihr die Kraft, einen definitiven Schlußstrich zu ziehen und sich bewusst für das Leben zu entscheiden. Ihre Schmerzen verschwanden innerhalb einer Stunde. Das Öl konnte so viel Kraft, Licht und Ichstärke aktivieren, dass diese unbewusste und äußerst machtvolle, alles dämpfende Lebensverneinung entmachtet wurde und die Teilnehmerin wieder selbst die Zügel in die Hand nehmen konnte. In ihrem Fall war es gar nicht nötig, die Ursachen für die Lebensverneinung im Einzelnen zu verstehen. Die Verwandlung konnte sich unmittelbar vollziehen.

Das kann jedoch auch durchaus anders sein. Hierzu ein Beispiel: Bei einer Teilnehmerin, die auch schon seit vielen Jahren an den Ölseminaren teilnimmt, löste das Surinamkirschöl zunächst starke Kopfschmerzen aus. Trotz aller Mühe es auszuhalten, konnte sie es kaum ertragen. Am nächsten Morgen erwachte sie früh aus einem Traum: Sie war neben einer Frau gegangen, die sie auf dunkle Wege führte, statt auf der erleuchteten Straße. Plötzlich verschwand die Frau und eine Gruppe von Männern erschien, die sie dann vergewaltigten. Es war eine abgekartete Sache. Völlig verstört stand sie aus dem Bett auf und musste erst einmal anderthalb Stunden weinen – auch sie beschrieb es so, als ob die Tränen aus ihrem ganzen Körper kamen. „Wie soll ich denn da das Leben feiern?" war ihr Kommentar. Am nächsten Morgen arbeiteten wir im Seminar weiter mit diesem Öl, das ihr in der Meditation ein Heilungsbild gab: Ein hübsches Mädchen mit schönem Kleid und Schürze trägt einen Korb voller Blumen. Sie geht durch die Straße und verteilt die Blumen. „Das Ölwesen kommt wie ein Aderngeflecht in mich hinein und versorgt alles" beschrieb sie die erlösende Wirkung.

In ihrem Fall musste diese schwierige Szene aus einem vorherigen Leben doch noch einmal in ihr Bewusstsein treten. Dieser Vorfall hatte nämlich bis dahin auch ihr jetziges Leben stark geprägt. Er kompromittierte sowohl ihr Verhältnis zu Frauen wie auch ihre intimen Männerbeziehungen in schmerzhafter und verstrickter Weise.

Das Surinamkirschöl gibt uns die Kraft die Vergangenheit, wie auch immer sie aussehen mag, anzunehmen und damit Frieden zu schließen. „Eine Zukunft ist möglich" kleidet eine andere Teilnehmerin ihr Empfinden in Worte: „Vorher erschien es nicht möglich – die Vergangenheit wird nun ausgeglichen. Das Öl gibt mir ein neues Fundament auf dem ich weiter nach vorne gehen kann." Auch dies aus dem Munde einer Frau, die sich schon seit vielen Jahren in einer intensiven inneren Arbeit und Entwicklung befindet.

Das Surinamkirschöl erreicht und heilt Verschattungen in unseren Tiefen, an die wir ansonsten kaum herankommen, die uns jedoch zutiefst prägen und unfrei machen. Diese Beispiele machen deutlich: Bevor wir die unerlösten Bereiche in uns nicht befreien, können wir von wirklich freier Entfaltung nicht reden und solange können sich Vergangenheit und Zukunft nicht zu einem tragenden lebendigen Fluss der Gegenwart treffen. Die Beispiele zeigen, dass solche Art Geschehnisse wie Verwünschungen wirken können. Sie binden einen entscheidenden Teil unserer Kraft, unserer Lebensfreude und unserer Entfaltungsmöglichkeit. Dies gilt für die Täter gleichermaßen wie für die Opfer.

Verbinden wir diese Erfahrungen mit dem Surinamkirschölwesen mit unserem Thema, der Botschaft der Visoko Pyramiden, bekommen wir Aufschluss darüber, was uns in diesem Zusammenhang erwartet. Da eine solche Art von Verschattungen am Seelengrund vieler Menschen liegen und nur wenige selbst im Stande sind, sie zu lösen, braucht es stärkste äußere Impulse, um in dieser Hinsicht überhaupt etwas bewirken zu können. Nur äußerste Erschütterungen sind in der Lage, unser Seelengefüge so weit aufzubrechen, dass auch die Mühlsteine auf unserem Seelengrund zu Tage treten, damit wir sie endlich erlösen können. Wir werden die Aufgabe, die uns die bosnischen Pyramiden stellen, nur dann bewältigen können, wenn wir zu dieser tiefen Läuterung bereit sind.

Als Künder und Meister eines vollen, beherzten und beglückenden Lebens, das reiche Früchte für viele andere bringt, kommt das Surinamkirschöl deshalb nicht umhin, uns alles zu zeigen, was uns im Wege steht. Doch es zeigt es uns nicht nur, sondern hilft es auch zu heilen. Wie mit einem Laserlicht leuchtet es unsere dunkelsten Flecken aus und bringt heilsames Licht hinein. Unvollständig verheilte Wunden bricht es wieder auf, damit sie nun wirklich ausheilen können. Taube, traumatisierte, gefühllose Bereiche erweckt es und bringt sie wieder in einen heilenden Lebensfluss.

Das Surinamkirschöl macht uns klar, wann wir uns mit Ersatzbefriedigungen betäuben, uns mit Scheinlösungen zufrieden geben, wo wir auf falsche Fundamente setzen, die früher oder später zusammenbrechen müssen. Es besteht darauf, dass wir aufhören, uns etwas vorzumachen. Erst wenn wir unser Leben auf einem soliden und haltbaren Fundament erbauen, können die reichen Lebensfrüchte gedeihen, um die es dem Surinamkirschölwesen geht.

Dies führt uns auch zu kollektiven Themen. Was machen wir uns gesellschaftlich nicht alles vor? Auf wie viele und wie große Lebenslügen baut unsere westliche Welt ihr Leben denn zunehmend auf? Natürlich müssen sie und werden sie auch platzen. Vorher kann nichts Heilsames entstehen. Und wir wissen auch, dass dieses Platzen alles andere als ein Spaziergang werden wird. Spätestens jetzt wird deutlich, wie innig dieses Ölwesen mit der Botschaft und Kraft der Pyramiden von Visoko zusammenhängt.

Ana spricht von den großen Erschütterungen, die notwendigerweise auf uns zukommen, die weit über das hinausgehen, was wir bislang als Lebenserschütterungen erlebt haben. Um diesen Erschütterungen gewachsen zu sein, um so fruchtbar wie möglich mit ihnen umgehen zu können, dafür tritt das Surinamkirschölwesen an. Es ist ein wahres Meisteröl. Es vermag unsagbares Leid zu wenden, gibt Licht in größte Hoffnungslosigkeit und tröstet in tiefster Trauer. In größter Erschütterung gibt es uns wieder einen Boden – und diese Qualität werden wir brauchen. Das Versöhnliche ist, je größer das verwandelte Leid, desto stärker das neue Fundament.

Wieviel Elend, wieviel Perspektivlosigkeit haben wir denn nicht auf dieser Welt? Wie viele zerbrochene oder gar nie gewachsene Fundamente gibt es denn? Wenn wir uns dieses Ausmaß einmal ungeschminkt vergegenwärtigen, bekommen wir eine Ahnung, um welche Dimension es geht. Das Surinamkirschöl eröffnet uns eine kraftvolle Möglichkeit, in das Kollektive hineinzuwirken. Wir können ein starkes gemeinsames Gefäß bilden, sodass dieses besondere Ölwesen weit über unser Persönliches hinaus seine Wirkung entfalten kann. Voraussetzung dafür ist natürlich, dass wir zunächst unsere eigenen Heilungsprozesse mit ihm durchschreiten, uns meditativ verbinden und es bitten, uns zu zeigen, was es bei uns persönlich noch anzuschauen, zu verstehen und zu verwandeln gilt.

Es gibt aber noch die andere Seite des Surinamkirschöls, die nach der Grundläuterung unserer Tiefen auf uns wartet. Das ist seine üppige, vollreife Fruchtigkeit, seine sprühende, feurige Lebendigkeit, sein ansteckender Enthusiasmus. Darum geht es ihm, das möchte es vermitteln.

Ist das Fundament stark genug, dann greift das Surinamölwesen nach den Sternen. Sein Duft verspricht nicht zu viel. Es verbindet die Erde mit dem Himmel und will so viel wie möglich vom Himmel auf die Erde herunterholen. Es spornt uns an, unsere höhere Bestimmung auf der Erde zu ergreifen. „Überhebe Dich nicht, doch gib Dich keinesfalls mit weniger als Wunderbarem zufrieden." Wir haben vom Baum der Erkenntnis gegessen, sind aus dem Paradies vertrieben worden und nun liegt es an uns, die Erde wieder zu einem Paradies zu machen. Das Ölwesen der Surinamkirsche weist uns den Weg dahin.

Diese nicht versiegende Lebensfülle, von der uns das Surinamkirschölwesen kündet, die von unserer jetzigen Realität noch recht weit entfernt ist, hängt davon ab, wie stark wir in unserem Alltagsleben das Urschöpferische der Erde mit dem Schöpferischen des Himmels verbinden können.

Das Urgesetz des Geistigen, wie es beispielsweise materiell in der Fülle der Früchte und Samen in der Natur zum Ausdruck kommt, fußt auf dem Prinzip der Syntropie. Sie bezeichnet die Fähigkeit lebender Systeme, sich auf eine höhere Ordnung hin zu entwickeln. Im Gegensatz zur Entropie, dem maßgeblichen Prinzip der gegenwärtigen Physik, das sich durch Mangel und zwangsläufigen Verlust von Energie auszeichnet, lebt in der Syntropie Überfluss, Fülle und kontinuierliche Höherentwicklung. Das heißt wir stehen vor den Toren einer neuen Physik, die auf dem Prinzip der Syntropie aufbaut und gänzlich neue Gesetzmäßigkeiten beschreiben wird. Es liegt in der Natur der Sache, dass diese Gesetzmäßigkeiten nicht mehr amoralischer Natur sein können. Das Gedeihliche baut auf dem Prinzip der Liebe auf. Je mehr Liebe wir geben können, desto stärker wird sie auch in uns, desto mehr wächst sie. Das Wesen des Surinamkirschöls lebt schon ganz in dieser Welt der Syntropie. Es kennt die Voraussetzungen, den gedeihlichen Ausdruck davon genauso, genauso wie die Fallstricke und Hindernisse auf dem Weg.

Durch sein starkes Fundament, seine tiefen Wurzeln, bleibt es bei alledem ganz auf der Erde – ist bestens inkarniert. So sehr das Ölwesen der Surinamkirsche das Paradiesische liebt und lebt, so sehr das seine Quelle ist, zählt für das Öl nur, was hier auf der Erde konkret daraus wird.

Wollen wir das Wesen dieses Öls als Charakter beschreiben, spüren wir schnell, dass wir es, im Gegensatz zu vielen anderen Ölen, gar nicht als menschlichen Charakter beschreiben können. So weit geht seine Kraft über das Vermögen eines Einzelmenschen hinaus. Es hat eine klar überpersönliche Natur. Das Ölwesen der Surinamkirsche ist eine echte Drachenkraft, eine Urkraft des Lebens. Sie reicht bis in tiefste Abgründe und umfasst genauso himmlische Höhen. Dieses Drachenwesen verfügt über eine einzigartige Transformationskraft. Nun liegt es an uns, diese feurige Kraft in unserem Leben fruchtbar zu machen.

In den Mythen sind Drachenkräfte oft verwunschene, destruktive Kräfte, die von Helden bezwungen oder gar getötet werden müssen. Bei dem Ölwesen der Surinamkirsche handelt es sich hingegen um einen Drachen mit einer hochentwickelten Liebequalität, die weit über das hinausgeht, was wir Menschen als Liebe bislang entwickeln konnten.

Im Gefüge der Visoko-Pyramiden gibt es auch eine Drachenpyramide. Wie Marko bereits ausführte, stehen die Drachenkräfte in Zusammenhang mit einer tiefen Regenerations- und Erneuerungskraft. Ebenso wie die Drachenpyramide verbindet uns das Ölwesen der Surinamkirsche mit dem urbildlichen Bewusstsein von Gaia und ihren Urkräften. So gibt uns das Ölwesen der Surinamkirsche eine einzigartige Möglichkeit, die eigene Verbindung zu diesen Urkräften auf einen ganz neuen Boden zu stellen.

Wirkungen und Indikationen:

stark entzündungshemmend, fiebersenkend, schmerzlindernd, adstringierend, magenstärkend, immunstärkend, wurmtreibend, blutdrucksenkend, hilft Harnsäure ausscheiden, antioxidierend, antiviral, antibakteriell, fungizid, herzstärkend, antitumoral, tonisierend, Juckreiz lindernd; Gicht, rheumatischer Formenkreis, hoher Blutdruck, Ödeme, Augenentzündungen, Katarakt, Durchfall, Magen-Darmprobleme, Sepsis, Candidabefall, senkt hohen Cholesterinspiegel, Angina, grippaler Infekt, Krebs – insbesondere Brust- und Prostata-, als Möglichkeit bei Alzheimer, allergische Hautreaktionen

Das ätherische Öl der Felsengebirgstanne

Die langsam wachsende Felsengebirgstanne oder auch Felsentanne, Abies lasiocarpa genannt, stammt aus den Höhenlagen Westkanadas ab 1000 m. In geschützten Tälern erreicht sie durchaus bis zu 25 m während sie in kalten und windexponierten Höhenlagen buschartig wächst oder bodennahe Matten bildet. Wie ihr Name schon verrät wächst sie auf felsigem, eher nährstoffarmem Grund. Sie wird 150 bis 200 Jahre alt. Eine Besonderheit der Felsengebirgstanne sind seine großen, aufrecht stehenden, violetten Zapfen. Sie sondern so viel Harz ab, das immer wieder heruntertropft.*

Das Ölwesen der Felsengebirgstanne: Ich bin die Morgengabe für eine neue Substanz des Lebens. Ich bin eine Essenz der höheren Oktave des Lebens. Mit mir kannst du eine ganz neue Seite in deinem Leben aufschlagen. Was ändert sich für Dich, wenn mein Duft und somit mein Wesen Dich erfüllt? Durch mich bildet sich ein gänzlich neuer Boden in dir. Staunst du, dass dich dieser neue Boden im Herzen trägt? Und doch sind die Füße genauso mitgetragen. Spürst du, wie dein Herz sich ausdehnt, dein ganzes Wesen sich weitet und verbindet? Dein Herz öffnet sich in die Weite und verknüpft sich mit vielen anderen, die ihre Herzen genauso mit verbinden. Die Erdung, die Kräftigung, die herrliche Beruhigung und die Erhebung, die ich dir geben kann beruhen auf dieser besonderen gemeinsamen Substanz von Herzen, die sich in den höheren Dienst der Erde und der Menschheit stellen. Spürst du, wie viele Schwestern und Brüder es sind? Es sind viele. Sie alle sind Teil dieses starken neuen Gewebes. Sie alle sind Teil dieser tragenden und nährenden Kraft. Meine Wesenssubstanz ist eine hohe Kraft der Vereinigung. Hier steht keiner alleine und was durch mich kommt, vermag auch niemand alleine zu vollbringen. Doch viele Brüder und Schwestern, in der Liebe

---

* Ebenso wie das Alaskazedernöl ist auch das Felsengebirgstannenöl ein Meisterwerk „meines" kanadischen Destillateurs, der in kleinen Mengen eine wunderbare Qualität erreicht.

des Herzens, in Liebe zur Schöpfung und zu hohen Zielen geeint, bilden ein starkes Gefäß. Menschenherzen, himmlische Kräfte und verwandelte Erde vereinen sich zu einer neuen Substanz, einer neuen Realität und unendlichen neuen Möglichkeiten. In meiner Substanz belebt dich, labt dich, trägt dich und erhebt dich schon die neue Erde. Ein neuer Boden ist bereitet, ein Herzensboden empfängt dich, eine neue Alchimie erwartet dich. Lebe dich ein in meine Substanz und mache dich bekannt mit meinen Möglichkeiten.

Findest du Schweres in mir, Altes oder Belastetes? Spürst du in meinem Wesen Zweifel, Zauder oder Zaghaftigkeit? Hetze, Druck oder Ehrgeiz? Alles das kann mich nicht erreichen. Es findet nicht die Bedingungen vor, um in mir bestehen zu können, darum meidet es mich. Ob altes Leid oder aktuelle Bedrückung, ob Enttäuschung, Lähmung, Scham oder Schuld – ich verwandele es, so du mich lässt, in den fruchtbaren Boden der neuen Kraft, in eine wahre Verheißung. Aus deinen Wunden und Verfehlungen erwachsen neues Bewusstsein, neue Fähigkeiten und eine ganz neue Basis. Mit mir wirst du Teil eines neuen Bodens, eines ungeahnten und ungekannten neuen Grundes für das Leben. In mir atmest du Erhebung und Zuversicht, mit mir findest du Geborgenheit, Befriedung und Erfüllung. Die einzige Bedingung ist, dass du es wirklich übergibst, dass du an nichts mehr festhältst, sondern Ungeahntes für möglich hältst und die unendliche, verwandelnde Weihe des Neuen in deinen Körper und in dein Wesen hinein empfängst.

Das Lebensprinzip der Felsengebirgstanne:

Wer in den Duft des Felsengebirgstannenöls eintaucht, betritt sogleich einen feierlichen, unglaublich geschützten Raum. Atmosphärisch hat dieser Raum etwas von einer Höhle. Das Ölwesen kündet weder von lichter Geistigkeit noch von irdischen Räumen. Ich muss sagen, von den über 250 ätherischen Ölen, die ich kenne, riecht und wirkt kein anderes derart substanziell. Wir spüren, wie seine Physis direkt in unsere hineinwirkt. Zunächst werden Herz- und Lungenraum neu erfüllt. Seine Präsenz bringt das Gefühl von Innigkeit. Und trotzdem werden wir gleichzeitig Teil einer enormen überpersönlichen Kraft. Es ist gar nicht so einfach zu beschreiben, so unbekannt ist es für uns. In ungekannter Art und Weise facht das Ölwesen der Felsengebirgstanne unser Herzensfeuer an. Das Geistige wird durch das Herz aufgenommen und befeuert. Ein grundlegender Enthusiasmus und unbeirrbare Zuversicht machen sich breit. Was aus reinem Herzen gewollt ist, wird sich erfüllen. Tief im Herzen berührt, werden wir gesättigt mit einer Qualität, die alles durchdringt. Dabei ist sie unglaublich nährend – man hat das Gefühl, diese Kraft ist von der Ewigkeit gespeist.

Nichts bleibt so, wie es ist. Wenn wir dieses Öl riechen, ist alles negativ Gefärbte, jegliches irdische Unbill, das sich noch irgendwo versteckt, nicht mehr da, ist nicht mehr spürbar – ist einfach weggefegt. Zweifel, Ängste, nagende Gefühle und Gedanken sind dem Ölwesen gewichen. Sie können dieser Kraft nicht standhalten. In Gegenwart dieses Ölwesens haben sie schlicht keine Möglichkeit mehr, Macht über uns auszuüben. Einmal mehr bewahrheitet sich hier der Satz: „Der beste Schutz vor Einstrahlung ist Ausstrahlung." Stattdessen spüren wir große Kraft, tiefe Ruhe, unerschütterliche Zuversicht, etwas durch und durch Geklärtes und eine geheimnisvolle Fruchtbarkeit. Paradoxerweise ist der Umschwung nicht unbedingt mit einem spürbaren Läuterungsprozess verbunden. Steht der Kraft des Ölwesen nichts im Wege, kann es sein Prinzip sozusagen geräuschlos in uns veranlagen und bestärken.

Ist dem nicht so, löst das Ölwesen der Felsengebirgstanne mitunter heftige Prozesse aus. Bei einer Kursteilnehmerin beispielsweise brachte allein das Riechen des Öls überall Schmerzen hervor, begleitet von dem Gefühl, der ganze Körper wäre gebrochen. Im weiteren Verlauf mit dem Felsengebirgstannenöl klangen die Schmerzen glücklicherweise relativ rasch wieder ab. Bei einer anderen Teilnehmerin kam eine kolossale, überwältigende, durch jahrelange Überforderung und Schlafmangel aufgebaute Müdigkeit hoch, die sie erkennen ließ, wie sie das Prinzip der Felsentanne bislang bei sich selbst sabotierte. So zeigt uns das Ölwesen der Felsengebirgstanne, wie ein sorgsamer Umgang mit sich selbst wichtige Voraussetzung dafür ist, dass sein Lebensprinzip in uns Wurzeln schlagen kann.

Sind keine weiteren Bewusstseins- und Erkenntnisprozesse vonnöten, um in seinem Prinzip fortzuschreiten, leitet das Ölwesen der Felsengebirgstanne gleich die geeigneten Heilungs- und Wachstumsprozesse ein. Die Art, wie es dabei vorgeht, gibt uns weiteren Aufschluss über sein Wesen. Eine Teilnehmerin befand sich mit dem Felsengebirgstannenöl plötzlich wie im Mutterbauch in einer Embryonalhaltung. Ein wunderbarer Friede kam über sie. Ganz selbstverständlich so angenommen und geliebt zu werden versöhnte sie mit allem, womit sie sonst haderte. Sie war tief berührt und befreit. „Ich werde erweitert, verbreitert und bin in einem Ruheort, wo geheilt wird." erlebte es eine andere Teilnehmerin. Ist es nicht unendlich hoffnungsvoll, dass es ein Öl gibt, das wieder herstellen kann, was unsere Basis, unseren Lebensgrund sabotierte?

In einer Art Vogelperspektive erfasst das Ölwesen, was uns diese neue Basis gibt, sodass wir fähig sind, sein Lebensprinzip vollständig aufzunehmen. So gibt das Ölwesen eine ganz neue seelische Ausgangslage, eine neue Grundausrichtung. „Ich habe eine ganz neue Struktur bekommen, bin ganz aufgefüllt. Die ganze Wirbelsäule ist umstrukturiert. Ich brauche Zeit, mich dieser neuen Struktur anzupassen. Ich bewege mich anders – elastischer und in Wellenbewegungen." schildert eine Teilnehmerin diese grundlegende Erneuerung. „Es ist der Geruch der Vollständigkeit der Welt" fasste sie ihre Eindrücke tief berührt zusammen.

Das sind starke Worte – es muss ein starkes Ölwesen sein, das solche Gefühle hervorrufen kann. Anhand seines Duftes merken wir erst, wie sehr wir uns in der Unvollständigkeit eingerichtet haben, wie sehr das Fragmentarische zu unserer Normalität, zu unserem akzeptierten Lebensgefühl geworden ist. Wir kennen es halt nicht anders. Doch erst, wenn die Vollständigkeit unser neues inneres Barometer ist, kann sich der neue Boden in uns bilden, den wir brauchen. Und dafür ist das Felsengebirgstannenöl ein unschätzbarer Helfer.

Eine Voraussetzung zum Vollständig-Sein ist für das Ölwesen der Felsengebirgstanne unsere Beziehung zur Wahrheit. Es verbindet uns mit einer hohen kosmischen Wahrheitssubstanz. Dementsprechend entschieden befeuert es unsere Wahrheitstreue und Wahrheitsliebe. „Dieses Öl gehört zur allerhöchsten Wahrheit. Es ist unmöglich, sich vor ihm zu verstecken. Es sieht jede Unwahrheit, deckt alles Unrichtige auf, alles Ungute – es ist wie ein Lügendetektor." „Das ist ein Wahrheitselexier. Es verschafft mir die Sicherheit, die Wahrheit zu fühlen und zu wissen. Selbst wenn es eine unangenehme

Wahrheit ist, kann ich es verstehen." berichten Teilnehmer über ihre Begegnung mit dem Ölwesen. Ebenso leuchtet das Ölwesen innere Blindheit oder geistige Trägheit aus. Sein Prinzip erfordert volle, doch entspannte Wachheit und klare Präsenz.

Noch ein anderes Element gehört zur vollständigen Präsenz des Felsengebirgstannenöls dazu: „Das Öl verbindet mich damit, was meine Vorfahren in mich eincodiert haben" erlebte eine Teilnehmerin ihre Wiederverbindung mit der Kraft ihrer Ahnen. Umgekehrt bezieht sich das genauso auf nicht inkarnierte Seelen. Geistig-seelisch wirken sie stark an der Entwicklung mit. Sie tun alles, was sie können, um die Bedingungen mit zu erschaffen, die sie brauchen, um später auf der Erde wirken zu können. Wie Ana schreibt, spielen die nicht inkarnierten Seelen eine entscheidende Rolle in diesem Quantensprung der Erde und des Menschen. Mit seiner Heilkraft hilft uns das Felsengebirgstannenöl die Verbindung zu diesen Seelen wieder herzustellen.

In alledem gibt das Felsengebirgstannenöl eine enorme Sicherheit. Äußerlich wie innerlich fühlen wir uns geschützt gegen Unbill verschiedenster Art und sind dadurch viel weniger angreifbar. Die wohltuende Verinnerlichung des Felsengebirgstannenöls stärkt das rechte Maß zwischen Weltlichem und Himmlischen. Es hilft uns, unseren Weg in diesem Spannungsfeld zu finden und weiterzuentwickeln. Oft liegt ja unsere Schwäche darin, dass wir zu sehr in die eine oder andere Richtung neigen. Das Felsengebirgstannenöl verleiht eine beruhigende geistig-seelische Immunität. Die Einflüsterungen der Gegenseite können uns so wesentlich weniger anhaben.

Eine Aura von wacher Ruhe und Andacht umgibt es. Das persönliche Schicksal ist geordnet. Dadurch kann es sich in seine überpersönliche Wirkung erheben. An hohe Kräfte angebunden und mit weit vorausschauendem Blick bereitet es den Boden für etwas Größeres. Wäre das Ölwesen der Felsengebirgstanne ein Mensch, ginge es ihm weniger um sein persönliches Wohl als um die Mitarbeit am großen Plan. Dabei handelt es milde und gelassen, jedoch genauso klar und eindeutig. Es drängt nicht, sondern handelt im Strom der Zeit.

Das Felsengebirgstannenöl ist ein hervorragendes Antidot gegen die stete

Gefahr, sich zu verstricken, wodurch wir in alte Muster zurückfallen. Mit dem Felsengebirgstannenöl ordnen wir unsere Prioritäten neu. Alte Begrenzungen schütteln wir ab und wenden uns endlich unserer eigentlichen Natur sowie unseren eigentlichen Aufgaben zu.

Unglaublich, was für eine Zuversicht das Felsengebirgstannenölwesen uns gibt! Es ruft zum Aufbruch, es treibt vorwärts. Es ist ein Öl, das uns ermuntert, nach vorne zu schauen, weiterzugehen, Pläne zu machen und neue Projekte auf die Erde zu bringen. Man will schaffen, will stärker ins Leben vordringen. Das wollen beispielsweise Ingwer- oder Galgantöl auch – doch beim Felsengebirgstannenöl geht es stärker über das Persönliche hinaus, hier sind wir viel bewusster mit dem Großen und Ganzen verbunden. Hier sind wir Mitarbeiter des Lebensgeistes. Alles, was hieraus erwächst, dient zutiefst dem Leben als Ganzes und ist deshalb vom Leben getragen.

Das Ölwesen fordert eine klare Bestandsaufnahme – was kann mit in den neuen Raum und was hat dort keinen Platz? Nur so entsteht der neue Boden von Fülle und Sicherheit, um den es dem Ölwesen so sehr geht.

Augenblicklich, wie durch ein Wunder, ist diese neue Kraft da und das Alte nicht mehr präsent. Das Neue ist so viel stärker, reicher, geheimnisvoller und vielversprechender als es das Alte jemals war, jemals sein konnte. Das Alte wird in seiner vergleichsweisen Kraft- und Saftlosigkeit offenbar.

Anhand des Felsengebirgstannenölwesens erkennen wir, wie sehr wir bislang einem Gedankengut gefrönt haben, das zu begrenzt, zu verfestigt und zu wenig inspirierend ist. In seiner Gegenwart hat all dies einfach keinen Bestand und keinen Platz mehr, wie die Dunkelheit im Raum, wenn das Licht angeht. Zweifel, Beschränkungen, Minderwertigkeitsgefühle, Ängste, Sorgen oder Wut sind dem Ölwesen regelrecht fremd. So wirkt das Ölwesen stark im Hinterkopf, wo unter anderem die Ängste sitzen, und hilft uns, dass sich da etwas ganz Neues öffnen kann. Das gibt eine Stabilität, die jedem Sturm, jeder Erschütterung, jeder Prüfung standhält.

Ein anderes Thema des Felsengebirgstannenölwesens sind unsere menschlichen Verbindungen. Die gemeinsam verbrachte Zeit, gemeinsam Tragendes, Erlebtes, emotional Verbindendes sind dabei gar nicht unbedingt der entscheidende Maßstab, sondern vielmehr die Frage: Wie stark bist Du in der Lage, gemeinsam mit den anderen an höheren Plänen zu wirken. Oder bist du zumindest offen dafür? – das ergibt die neue Verbundenheit, eine neue Verwandtschaft, die in kürzester Zeit entstehen kann und in ganz anderem Maße trägt!

Das Ölwesen der Felsentanne führt in eine natürliche Expansion, in eine längst fällige geistige Erweiterung, in die Erfüllung dessen, was wir uns aus der Tiefe des Herzen, schon lange ersehnen. Was wir bislang für unmöglich gehalten haben, beginnt sich unaufhaltbar zu entfalten. Die Egos sind überwunden. Wie in einem eingespielten Orchester können sich die vereinten Willenskräfte dem hohen Werk widmen. Die Dinge fügen sich zu einer beglückenden Harmonie. Das Leben ist fraglos und selbstverständlich geistig hoch angebunden – unsere Sternenverwandtschaft wird genauso gefühlte Lebensrealität wie die beglückende Mitarbeit am großen Plan.

Der Abschluss des Duftes dagegen ist ein wenig kühler, was dem Ganzen eine vorwärts treibende Entschlossenheit verleiht. Bei aller Ruhe und Tiefe wird keine Zeit vertan.

Wie der Name Felsengebirgstannenöl schon kündet, ist es ein echter Fels in der Brandung. In schlimmster Not, in ärgsten Prüfungen bleibt es unerschütterlich, gibt Kraft, Zuversicht und Durchhaltevermögen. Es tröstet in Seelenpein, baut wieder auf in trüben und hoffnungslosen Momenten, die auch dazu gehören. Immer wieder erinnert es an unsere höhere Bestimmung. Diese Qualitäten werden wir brauchen für den Übergang von der alten in die neue Welt. Den Quantensprung, den dieser Übergang erfordert, haben wir in uns genauso zu vollbringen. Selbstverständlich werden wir dabei von der geistigen Welt, wie nur irgend möglich, unterstützt. Doch werden wir, jeder auf seine eigene Art und Weise, geprüft wie nie zuvor. Die allgemeinen Verhältnisse werden so sein, dass sie diesen Sprung begünstigen. Doch wird das mit der Komfortzone, in der wir uns jetzt noch bewegen, garantiert nichts mehr zu tun haben. Die bisherigen Lebensformen taugen dafür beileibe nicht. Wahrscheinlich gehen wir nicht fehl in der Annahme, dass ein gehöriges Chaos unser Lehrmeister sein wird. Wir können sicher sein, bis in die

Grundfesten erschüttert zu werden. Erfahrungsgemäß gelingen die größten inneren Entwicklungssprünge, wenn uns das Schicksal ordentlich fordert – wenn uns der Boden unter den Füßen weggerissen wird, wenn alles, was bisher getragen hat, nicht mehr trägt und wir scheinbar unlösbaren Aufgaben gegenüberstehen und so in der Not weit über uns hinauswachsen.

Dieser uns bevorstehende, alles entscheidende Übergang ist ein epochales Geschehen. Weder historisch noch karmisch haben wir dafür auch nur annähernd eine Referenz.

In diesem Geburtsgeschehen gibt es nichts Altes oder Bekanntes mehr, auf das wir zurückgreifen können. Es geht um eine völlige innere Neuschöpfung in innigster Zusammenarbeit mit der göttlichen Welt. Wir werden froh sein, wenn wir früh genug, beispielsweise mit Hilfe des Felsentannenölwesens, einen unerschütterlich tragenden Lebensboden ausgebildet haben, wenn wir auch die menschlichen Verbindungen geknüpft haben, die sich in solchen Geschehen bewähren werden.

Wenn die Zeit dazu gekommen ist, zielt das Felsengebirgstannenöl auf das Neue. Es ist, als ob jemand bereits im Neuen lebt, jedoch die Geschichte des Alten kennt. So versteht es, wie wir funktionieren und kann uns daher beim Übergang entscheidend helfen. Es verstrickt sich nicht mehr ins Alte.

Das Felsentannenölwesen hilft uns, substantiell ein Stück Zukunft, ein Stück der neuen Erde, in uns zu inkarnieren. Genau, wie es in der Landschaft besondere Orte gibt, die die Qualitäten der neuen Erde bereits halten und ausstrahlen, wie die bosnischen Pyramiden, so wird es immer mehr Menschen geben, bei denen das in zunehmendem Maße der Fall sein wird. Das Felsentannenölwesen hilft uns bei diesem, nicht gerade kleinen Unterfangen in einzigartiger Weise. Wir kommen an, wie niemals zuvor – es ist alles erfüllt, und dadurch der Boden bereitet für ganz neue Ufer, für eine neue Oktave der Fruchtbarkeit.

Von unseren drei besprochenen Ölen hat das Ölwesen der Felsengebirgstanne eine starke Verbindung zur Kraft der Mondpyramide. Marko bringt die Mondpyramide unter anderem mit dem Keimen und der Keimkraft in Verbindung. Genauso zählt zur Mondensphäre der gesamte vorgeburtliche und frühkindliche Entwicklungsprozess. Thematisch und durch ihre Kräfte umfasst diese Sphäre alles, was dem Keimen des Neuen den Boden bereitet. Genau das ist das zentrale Anliegen und Vermögen des Ölwesens der Felsengebirgstanne. Es hilft, diesen unerschütterlichen, gedeihlichen Grund des Neuen in uns zu veranlagen. Anas Kraftzeichnung des Ölwesens drückt dies wunderbar aus.

Wirkungen und Indikationen:

Nebennieren stärkend, tonisierend, antiseptisch, desinfizierend, entzündungshemmend, fiebersenkend, schlaffördernd, beruhigend - insbesondere auf das zentrale Nervensystem, krampflösend, schmerzlösend, schleimlösend, erwärmend, desodorierend, hustenlösend, spastischer Husten, Bronchitis, Tuberkulose, rheumatischer Formenkreis, Schlafstörungen, übelriechender Atem, Ängste

Das ätherische Öl der Alaskazeder

Die bis 40 m hohe immergrüne Konifere kommt von der amerikanischen Westküste, wo sie sich von Nordkalifornien bis hoch nach Alaska ausgebreitet hat. Wegen der gelben Farbe ihres Kernholzes wird die Alaskazeder, Callitropsis nootkatensis oder auch Chamaecyparis nootkatensis, dort Yellow Cedar genannt. Sie wächst bevorzugt in Höhenlagen bis zur Baumgrenze, wo sie auch ausdauernde Zwergformen ausbildet. Auch wenn der Name es fälschlicherweise suggeriert, ist der langsam wachsende Baum keine Zeder, sondern eine Scheinzypresse. Er hat das härteste Holz Nordamerikas und wird weit über 1000 Jahre alt. Auch das Holz enthält ätherisches Öl. Für einen Baum ist es eine besondere Leistung und Zeugnis der Stärke seiner geistigen Essenz, wenn er seine härteste Substanz, die in dem Fall eben besonders hart ist, mit dem Feuerprinzip des ätherischen Öls durchdringen kann. Destilliert werden die grünen Zweige, deren dunkelgrüne, schuppige und nadelförmige Blätter an Zypressen erinnern.

Das Ölwesen der Alaskazeder: In meinem Duft spürst du himmlischen Odem. Mit mir nehmen himmlische Gaben irdische Gestalt an. Riechst du die köstliche Frische der Ewigkeit, die immer frischer wird, je stärker du dich mir zuwendest? Riechst Du den Duft der labenden Früchte des Himmels? Wenn du nur in sie hineinbeißen würdest... wenn du nur von ihnen kosten würdest... himmlische Kost würdest du in dich aufnehmen, himmlische Speise sich in dir entfalten. Hier verführt keine Eva. Es sind keine verbotenen Früchte, um die es hier geht. Es sind wärmstens empfohlene, dringend notwendige. Dringendst notwendige. Schau dich nur um in der Welt und du wirst wissen, wovon ich rede. Für meine Mission kannst du dich nur selbst erwählen. Nur du selbst kannst dich bereiten, in den Dienst und die Mitarbeit der Himmlischen zu treten. Ja, wir stellen ein! Und zwar jeden, der dazu in der Lage ist. Jeder, der mitarbeiten kann und mitarbeiten will, ist höchst willkommen. Ihr könnt euch unsere Freude, über die, die sich selbst erwählen und bereiten, gar nicht vorstellen. Wer sich zu uns erhebt und mitarbeitet in dem großen Werk, den bedenken wir aufs Innigste. Wer sich der wunderbaren Aufgabe verschreibt, himmlische Früchte auf Erden reifen zu lassen, der wird reich belohnt. Was gibt es denn Schöneres auf der Erde zu tun, als hier himmlische Früchte reifen zu lassen?

Doch vergesst nicht: Je höher der Dienst, desto bescheidener und liebevoller möchte der Diener sein. Als Mitarbeiter der Himmlischen stehst du im höheren Dienst. Erst, wenn dir das Wunderbare und Köstliche des Himmels genauso nahe steht wie alles Irdische, kannst du Gärtner in diesem Garten auf Erden sein. Dann bist du einer der Unsrigen geworden. Dann wirst du ein wirklicher Vermittler und Überbringer von himmlischer Speise. Dann kannst du deinen irdischen Weggenossen himmlische Früchte reichen. Denke an das Christus-Wort: „Was ich kann, das könnt ihr auch und noch viel mehr". Ich weiß, das sind starke Worte. Doch genauso ist es. Je mehr du dir diese Worte zu Herzen nimmst, dich von ihnen durchdringen lässt, sie zu deinem Mantra machst, desto näher kommst du mir. Alles was du brauchst, ist völliges Vertrauen in die unbegrenzten Möglichkeiten der Himmlischen. Unbeirrbares Vertrauen in die Führung der geistigen Welt. Euer Vertrauen in die höhere Führung und die unbegrenzten höheren Möglichkeiten – das ist die einzige wirkliche Währung dieser Welt, die wertvollste und die sicherste. Im Gegensatz zu den weltlichen Währungen verliert sie nie an Wert, sie wird nur immer wertvoller. Ihr habt noch so wenig Vorstellung, zu was ihr berufen seid, was euch möglich ist. Darum macht euch frei und greift nach dem Unerhörten. Der Himmel steht Euch offen. Die Möglichkeiten sind unbegrenzt.

Glaube, vertraue und lege los. Tue. Helfe. Heile. Mache Unmögliches möglich, versetze Berge und tue Wunder. Greife nach den Sternen. Dazu bist du hier, dazu bist du auf Erden gekommen – zu nichts weniger. Eine grenzenlose Freude kommt auf. Eine unendliche Zuversicht macht sich breit. Sie öffnet dir alle Türen.

Erst deine Taten und deine Früchte bezeugen deinen Glauben. Erst deine Taten bezeugen dein Vertrauen, deine wirkliche Verbindung zum Höheren, zum Ewigen, zur Kraft des Universums und zu unserem Schöpfer. Glauben und Vertrauen, die nicht zu Taten führen, führen nicht zu mir, es bleibt beim Alten. Mit meinem Wesen und meiner Substanz steht dir die Tür zum Neuen offen – nur gehen musst du selbst. Du bist zu so viel mehr erkoren und tief in deiner

Seele weißt du es. Dein Ruf hat dich zu mir gebracht. Nun schwinge Dich auf und beginne – jeder Tag ist eine Einladung, dich dem Neuen mehr zu öffnen.

Das Lebensprinzip des Alaskazedernöls:

Mit freudiger, frischer, jedoch eindeutiger Offensivkraft kommt der Duft und damit das Ölwesen der Alaskazeder in uns hinein. Das ist kein vorsichtiges Herantasten – nein, hier ist jemand gleich voll und ganz präsent im Raum und verbreitet seine frohe Botschaft. Eine helle, unglaublich frische Fruchtigkeit bricht sich in uns Bahn. So frisch, dass man es kaum aufnehmen kann. Es gibt nichts Vergleichbares und es wirft einen beinahe um. Allerdings ist diese paradiesische Fruchtigkeit des Alaskazedernöls in keiner Weise mit der des Surinamkirschöls zu vergleichen. Erst im Vergleich werden die Unterschiede zwischen den Ölen richtig deutlich und die Differenzierung klar. Bei dem Surinamkirschöl erleben wir eine volle, schwere, viel wärmere, man könnte sagen „erdgetränktere" und vollverkörperte Fruchtigkeit, die tiefen Abgründen abgerungen ist. Es ist eine erworbene Qualität, etwas, was wir vollbracht haben. Das Alaskazedernöl hingegen kommt ganz aus dem Himmel. Es ist ganz Geschenk, himmlisches Versprechen und kündet von etwas, was wir fast nur erahnen können. Unbetretenes Land. Hochschwangere Zukunft. Kaum zu glauben, dass das irdische Realität werden kann, werden möchte, werden wird. Demjenigen, der sich ganz im Irdischen eingerichtet hat, mutet es auch eher märchenhaft fantastisch an, absolut unglaubwürdig. Und doch ist es klar substantiell und eindeutig fruchtig – eine so saftige Frucht, in die man nur allzu gerne hineinbeißen würde – fast zu gut, um wahr zu sein, was sich hier ankündigt. Das Alaskazedernölwesen sättigt uns auf allen Ebenen. Hier wirkt das Ewige und schafft Früchte. Früchte aus der Substanz der Ewigkeit – doch eindeutig irdisch erlebbar. Dieses Ölwesen ist pure himmlische Freude – Schaffensfreude, Lebensfreude, eine bedingungslos frohe Botschaft. Und doch ist es unbestreitbar irdische Substanz, bereits irdische Realität, die wirkt und schafft – wenn auch sicher bislang weniger durch Menschenhand.

Diese Kraft ist sowohl kalt wie warm, schwingt zwischen beiden hin und her, so unbeschreiblich, dass es sich jeder Kategorisierung, jeder Festlegung entzieht, entziehen muss. Kündet es doch von grenzenloser Freiheit. Eine unendliche Schöpfungskraft ist hier am Werk. Ich wage es kaum zu sagen, es ist eine Art Wunderraum, in den uns das Alaskazedernölwesen einlädt. Hier werden Wunder wahr. Was sind denn die Bedingungen dafür, dass Wunder geschehen können? Was braucht es dazu? Mit Fragen, wie diesen kommen wir dem Alaskazedernölwesen näher. Da wird es real. Es geht ja mitnichten um Märchenstunden oder Fantasterei. Es geht um nichts weniger als die reale Welt der Wunder und des Wunderbaren. Eine Welt, die uns nicht gerade geläufig ist, zu der wir uns jedoch aufschwingen können, wenn wir wirklich wollen. Wollen wir es denn? Das ist die erste Frage, die uns das Ölwesen der Alaskazeder stellt. Wollen wir es wirklich? Bist du kühn und verwegen genug, und hast du den unverbrüchlichen Glauben, den es dazu braucht? Bist Du bereit und in der Lage, dich über die irdischen Gesetzmäßigkeiten zu erheben und die himmlischen auf die Erde zu bringen? Das ist die klare Voraussetzung, so, wie es Wasser zum Schwimmen braucht. Die himmlischen Gesetzmäßigkeiten sind die stärkeren und wirkungskräftigeren. Doch damit diese himmlischen Früchte auf der Erde gedeihen können, wofür das Alakazedernölwesen eintritt, dazu braucht es den Menschen. Hier sind wir als Mitschöpfer der göttlichen Welt, als Mitarbeiter der geistigen Welt gefragt. Allerdings werden wir erst Mitarbeiter im Land der Wunder, wenn uns dieses Land zärtlich vertraut ist, wenn wir uns vom Himmel küssen lassen.

„Wenn ihr nicht werdet, wie die Kinder..." – gibt uns Christus mit auf den Weg. Sprich, wenn wir alles für möglich halten können, wenn wir staunen können, wenn wir aus Nichts Welten imaginieren können. Mit der Imagination fängt es an. Sie kann alles erschaffen und ist schon eine geistige Realität, ein realer Schöpfungsakt. Menschen, die sich mit dem Alaskazedernöl verbinden, berichten genau das: „Ich kann wieder mit den Augen eines Kindes schauen." Oder: „Es bringt mir die Stimmung meiner Kindheit zurück." Für diesen kindlichen Zugang sind Wunder ein köstlicher Teil des Lebens, das Wunderbare natürlich. Der echte kindliche Zugang reicht noch bis in den Himmel, da kann der Himmel frei hineinstrahlen und mitgestalten.

Ein unbeirrbarer Glaube erhebt über jeden Zweifel. Der Zweifel ist der Feind des Glaubens. Mitarbeiter am Wunderbaren geben ihm weder Raum und noch Kraft. In der schönen Redewendung „über jeden Zweifel erhaben sein" drückt der Volksmund die Kraft und die Aufgabe so schön aus. Wir können und müssen uns über den Zweifel erheben. Und darin hilft uns das Alaskazedernölwesen in wunderbarer Weise. Es hilft, alle Begrenzungen, Zweifel, auch den Selbstzweifel und begrenzende Selbstbilder, hinter sich zu lassen.

Das andere Pfund im Land der Wunder ist ein grenzenloses Vertrauen, das Wissen, die Himmlischen wünschen sich nichts sehnlicher, als dass wir die Nachfolge Christi und mancher Anderer antreten, die mit der göttlichen Sphäre der Wunder vertraut waren – für die es die Krone der menschlichen Betätigung und selbstverständlicher Lebensauftrag war, mitzuwirken daran, dass Wunder wahr werden. Sie sind uns vorausgegangen auf dem Weg des Wunders und des Wunderbaren und weisen uns den Weg. Der Wanderer auf diesem Weg baut auf die immer wirksame Zusage des Göttlichen. Er baut auf die Substanz seines Vertrauens. Und das ist es, was das Alaskazedernölwesen in uns veranlagen will und, so wir uns dafür öffnen, dies auch tut. Mit dem Alaskazedernöl zieht diese wunderbare Vertrauenssubstanz in uns ein und bildet einen starken Boden. Gleichzeitig beflügelt es, durchwirbelt es und hebt in etwas völlig Neues. Es muss ja stark antreten, sonst könnte es seine Mission niemals erfüllen. Manche erleben seine Wirkung als enorme Vibration, die alles durchschüttelt und in die Blockaden hineindonnert. Um seine hehren Ziele umzusetzen, muss es jede Faser unseres Körpers und jeden Winkel unserer Seele abtasten. Kann unser Körper, unsere Seele sich öffnen für seine himmlische Präsenz? Können wir seine erhebende Wahrheit in unsere eigene aufnehmen, sein köstliches Wesen in unseres? Sind wir bereit für die Alchimie des Alakazedernöls? Das ist ja das Wunderbare an den Ölen, ihr Duft ist in der Lage, jede Zelle unseres Körpers zu durchdringen, so unsere Seele sich für sein Wesen öffnen kann. Unser Leib ist ja Ausdruck unserer Seele, unser Geistiges formt sich seinen eigenen Körper. Das Ölwesen des Alaskazedernöls fühlt unser Potenzial innerhalb seines Lebensprinzips und sieht, was wir augenblicklich davon realisieren. So wir es wollen, tut es alles, um uns zu unterstützen, sein himmlisches Lebensprinzip immer stärker zur Geltung zu bringen. So verhilft es uns in unser wirkliches Potenzial.

Wenn wir die angebotene Hand annehmen, geleitet uns das Alaskazedernölwesen in die Räume des Wunderbaren und führt uns ein in seine Offenbarungen. „Nimm die blühenden Wiesen des Himmels in deinen Körper und deine Seele auf." ermutigt es uns.

Wollen wir die Sphäre der Wunder in uns aufnehmen, kommen wir nicht umhin, auch die andere Seite dieser Medaille ins Auge zu fassen. Es sind nämlich nicht nur die Vertreter des Lichts, die Wunder vollbringen können. Schon Christus weist uns darauf hin, wenn er sagt: „Denn es werden falsche Christusse und falsche Propheten aufstehen und große Zeichen und Wunder tun, so dass sie, wenn es möglich wäre, auch die Auserwählten verführten." (Matthäus 24, 23-26). Das heißt, auch die Gegenseite und ihre Vertreter vermögen Wunder zu vollbringen, um damit Menschen in ihre Fänge zu bekommen. So können dunkle Wesen sogar Menschen, die sich ihnen in den Dienst stellen, die Wundmale verleihen. Woran unterscheiden wir denn die wahren Wunder von den falschen, die wahren Verkünder von den Verführern?

Man kann sie daran unterscheiden, ob sie Gott und der göttlichen Welt die Ehre für die wunderbaren Geschehnisse geben oder sie für sich selbst beanspruchen. Geht Liebe und Demut von Ihnen aus, oder Selbstherrlichkeit und Selbsterhebung. Die Christusworte „An ihren Früchten werdet ihr sie erkennen" erweisen sich immer wieder als der maßgebliche Hinweis. Werden die Menschen dadurch der göttlichen Welt näher gebracht oder bekommt jemand anderes die Ehre? Wird es im Sozialen wärmer, hilfsbereiter, harmonischer und verbundener dadurch oder nicht?

Das Alaskazedernöl trennt die Spreu vom Weizen. Durch sein Lebensprinzip ist es Teil der hohen kosmischen Ordnung. Bei aller Frische und Freiheit geht das einher mit großer Verantwortung und unanfechtbarer Autorität. Einem Teilnehmer kam in der Meditation das Bild eines Löwen, der majestätisch durch die Savanne streift und weiß, dass niemand ihn berühren wird. Eine tiefe Ruhe breitete sich in ihm aus.

Auch wenn es lieber weich und anschmiegsam ist, kann unser Ölwesen der Alaskazeder bei Bedarf jedoch auch in aller Schärfe handeln, um sein hohes Prinzip zu schützen. Mit diesem scharfen Schwert stattet es auch uns aus.

Als stark überpersönliches Prinzip muss es alles Triviale und Unreife in uns verbrennen. Manche berichten von einer kaum auszuhaltenden Hitze, die das Alaskazedernöl erzeugt. Es zeigt uns, wo wir noch unser Ego bedienen und uns damit von den universellen Wahrheiten trennen.

Gelegentlich bringt das Alaskazedernöl auch die ganze Trauer, Enttäuschung, Frustration oder gar Wut darüber hoch, wie seine Sphäre in uns und in der Welt untergraben wird, banalisiert und verleugnet. Es zeigt uns die ganzen verpassten Möglichkeiten seines Prinzips! Aber genauso hilft es auch, diesen Gefühlen einen angemessenen Platz zu geben, um sie loszulassen und sich der Kraft dieses wunderbaren Lebensprinzips zuzuwenden.

Bei einer, auf ihrem inneren Weg schon weit fortgeschritten Seminarteilnehmerin kam mit dem Alaskazedernöl eine enorme Trauer hoch. Es ging um alle ihre vergeblichen Versuche, in der Gesellschaft dazu zu gehören. Sie erkannte, wieviel sie von ihrer innigen Verbindung zum Göttlichen verraten hatte für den zweifelhaften Wunsch, doch wie die anderen zu sein. Ein überwältigendes Gefühl der Entfremdung von allem und der Sinnlosigkeit übermannte sie. Das Ölwesen tröstete sie dann mit Bildern von Kindern, die ihre besondere Beziehung zu den höheren Welten bewahrt haben und strahlend auf sie zukamen. „Verbiege dich nicht mehr, sondern bringe dein kostbares Wesen freudig in die Welt" ermutigte sie unser Alaskazedernölwesen. So hilft es auch ein tiefes, grundsätzliches Heimweh zu heilen, diese schier unstillbare Sehnsucht nach der Nähe und Geborgenheit der himmlischen Welt und genauso die Einsamkeitsgefühle, die damit zusammenhängen. Eine Teilnehmerin erlebte das Ölwesen als einen Engel, der ihr als Kind erschien und sie auf die Stirn küsste, worauf sie ein wunderbares Gefühl der Geborgenheit durchströmte.

Das Alaskazedernöl zeigt uns alle inneren Widerstände gegen seinen Wunderraum und hilft uns, sie zu überwinden. Bei einer Teilnehmerin beispielsweise schnürte sich mit dem Duft der Hals zu. Schließlich wurde ihr klar, dass es mit einer Abschnürung ihres geistigen Raumes zusammenhing, die sie selbst vollzogen hatte. Da sie ihren göttlichen Anteil in einem anderen Leben schwer verraten hatte, verleugnete sie ihn fortan lieber, um ja nicht wieder in diese falschen Gewässer geraten zu können. „Du bist meine geliebte Tochter", liess das Ölwesen sie wissen, was bei ihr Tränen der Rührung hervorrief. Noch nie hatte sie sich so tief verstanden gefühlt.

Eine andere Teilnehmerin erlebte mit den Alaskazedernöl einen inneren Würgegriff, der sich nur langsam löste. Ihr innerer Raum war ganz verdunkelt. Das Ölwesen kam zuerst mit eine Art Flaschenbürste und reinigte ihren inneren Raum. Dann schaffte es mit seinen Händen enorme Mengen von innerem Müll weg, der sich im Laufe der Zeit dort angesammelt hatte. Mich selbst hat das Ölwesen in einer Meditation auf meinen Zentralraum hinter dem Brustbein hingewiesen mit den Fragen: Wie rein ist er? Wie heilig darf er sein? Wieviel an negativen Zeiterscheinungen läßt du da hinein? Worauf eine große Trauer in mir darüber aufkam, was ich da alles in mich aufgenommen hatte. Das Ölwesen stellt die große Frage: „Wie sorgst Du für Deinen inneren Raum? Fühlst du ihn überhaupt? Fühlst du, was ihm gut tut und was nicht?" Es sensibilisiert uns dafür, was in unserem inneren Raum geschieht, wenn wir ungute Inhalte in uns aufnehmen, ohne sie zu fühlen und zu prüfen.

Viele verspüren mit dem Alaskazedernöl eine starke Aktivität im Gehirn, wo es die beiden Hirnhemisphären zu verbinden sucht. In diesem Sinne trägt es auch dazu bei, manche Lern-, Lese- oder Verständnisstörung zu überwinden. Immer wieder bekomme ich die Rückmeldung, wieviel Klarheit das Alaskazedernöl schafft. Eine andere Teilnehmerin erlebte, wie kristallklares, wässriges Licht in ihr Gehirn und ihre Wirbelsäule kam, wie wenn es neu einölen würde – es fühlte sich an, als ob ein Auto nach langem Herumstehen wieder gestartet würde. Manche erleben im Prozess mit dem Öl sogar das Gefühl, als ob sich die Schädelknochen öffnen würden.

Eine andere Seite ist der feine Humor und die gelassene Heiterkeit, eine ungekannte Weite, zu der uns das Alaskazedernöl bringen möchte. Man schöpft aus dem Vollen und schaut mit wohltuender Gelassenheit und weiterer, versöhnlicher Perspektive auf das Treiben des irdischen Lebens. Spannung, Nervosität oder Hetze fallen ab. Für alle, die ihr Rad im Kopf nicht abstellen können, ist dieses Öl ein Labsal.

Auch geruchlich ist das Alaskazedernölwesen immer wieder überraschend – immer wieder zeigt sich eine neue Duftnuance, es erneuert sich ständig.

Das Ölwesen der Alaskazeder kennt und akzeptiert keine Hindernisse! Es öffnet den Raum und dehnt sich ohne Wenn und Aber immer weiter aus. Und das tut es auch in unserem Körper. In seiner Expansion verdrängt es nicht, sondern durchdringt – es lädt ein zu gemeinsamem Wachstum und gemeinsam potenziertem Wirken. Sein paradiesisches Versprechen ist kein naives, wo Milch und Honig fließen und uns alles in den Schoß fällt. Vielmehr ist es eine Qualität, die nur durch uns kommen kann, durch unsere Vermählung mit den unendlichen himmlischen Möglichkeiten.

Daher stärkt uns das Alaskazedernölwesen auch darin, bedingungslos für unsere Wahrheit einzustehen. „Du kannst nicht unentschieden sein, vertritt deine Wahrheit" ermutigt es. Erst die klare Entscheidung für die Wahrheit öffnet uns das Tor für die höheren himmlischen Wahrheiten und Kräfte. So kann sich unsere irdische Berufung mit unserer kosmischen vermählen.

Eine Teilnehmerin fasste ihr Erlebnis mit dem Alaskazedernöl folgendermaßen zusammen: „Für mich ist es so ungewöhnlich, dass ich so viel von dem Göttlichen spüren kann. Es ist, wie wenn das Licht in mir wieder aufersteht"

Bei all diesen starken und beeindruckenden Erlebnissen will das Alaskazedernölwesen jedoch nicht auf einen Podest gestellt werden. Zwar werden die wenigsten dieses Prinzip schon vollbewusst leben können – allerdings können wir uns so öffnen und uns zur Verfügung stellen, dass es immer besser durch uns hindurchfließen kann. Zunächst geht es darum, das Göttliche im Alltag zu spüren und seine Liebe mehr und mehr in unser Leben zu bringen.

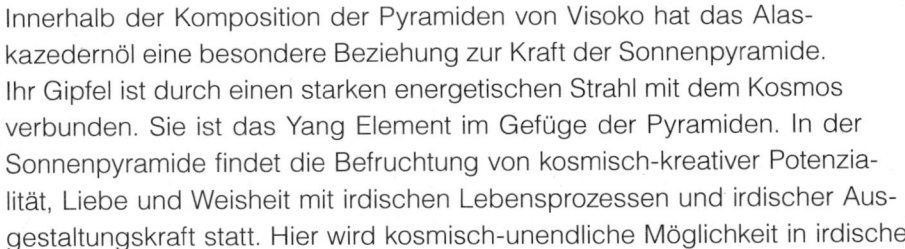

Innerhalb der Komposition der Pyramiden von Visoko hat das Alaskazedernöl eine besondere Beziehung zur Kraft der Sonnenpyramide. Ihr Gipfel ist durch einen starken energetischen Strahl mit dem Kosmos verbunden. Sie ist das Yang Element im Gefüge der Pyramiden. In der Sonnenpyramide findet die Befruchtung von kosmisch-kreativer Potenzialität, Liebe und Weisheit mit irdischen Lebensprozessen und irdischer Ausgestaltungskraft statt. Hier wird kosmisch-unendliche Möglichkeit in irdische

Realität und Ausprägung übersetzt – genau das, was das Herzensanliegen des Alaskazedernölwesen ist. Das Ölwesen der Alaskazeder, auch mit einem starken Yang Charakter begabt, unterstützt in kraftvoller Art beim Menschen, was im großen Rahmen in der Sonnenpyramide für die Erde und Menschheit geschieht. Es unterstützt uns darin, uns so weiterzuentwickeln, dass wir mehr und mehr Gefäß für göttliche Wirksamkeit werden können. Das Alaskazedernölwesen hilft als ein ideales Bindeglied zwischen dem Potenzial der Sonnenpyramide und uns Menschen, den himmlischen Willen mit unserem menschlichen zu synchronisieren – die göttliche Liebe in uns aufzunehmen und zur Verfügung zu stellen. Das Wesen der bosnischen Sonnenpyramide und das Wesen des Alaskazedernöl sind ideale Verbündete – sie potenzieren sich gegenseitig.

Wirkungen und Indikationen:

enorm beruhigend, befriedend, rheumatischer Formenkreis: Arthrose, Arthritis, Osteoporose, entspannt die Kiefermuskulatur, fungizid, Bulimie, Dyslexie, ADHS

Die Zeichnungen
der Botschaft von Visoko und der Ölwesen

von Ana Pogačnik (aus dem Buch: Heilkunde der Ätherischen Öle)

Als ich sechzehn Jahre alt war, habe ich die Möglichkeit entdeckt, mit den anderen Welten zu kommunizieren. Schon damals wurde ich in die Sprache der Zeichnungen eingeführt. Energetische Botschaften aus anderen Welten, Dimensionen oder von andern Wesenheiten sind nie in feste Worte gelegt, sondern existieren in Kraftform. Erst wenn wir sie in unsere materielle Dimension holen, bekommen sie eine konkrete feste Form. So ist es möglich, die gleiche spirituelle oder energetische Botschaft in sehr unterschiedliche Formen und Sprachen zu übersetzen. Worte, Zeichnungen, Musik, Kosmogramme oder Malereien sind solch unterschiedliche Ausdrucksformen, und doch können sie alle Träger des gleichen Energieflusses sein. Ich habe mich mit jedem Ölwesen mit Hilfe des Duftes verbunden und die jeweilige Kraft in die Zeichnungen übersetzt. Es geht nicht um automatisches Zeichnen, weil ich eine bewusste Verbindung mit den Wesen hatte und damit an dem Prozess der Entstehung aktiv beteiligt war. Meine Hand wird dabei physisch geführt. Der Anfang wird immer mit dem Ende der Linie verbunden.

Hier ein Vorschlag, wie man vorliegende Zeichnungen benutzen kann. Das Wichtigste ist, sich für die Kraft, die durch die Zeichnungen strahlt, zu öffnen und sich von ihr tief im Herzen berühren zu lassen. Um die Verbindung noch zu vertiefen, kann man sich im Herzen eine strahlende Sonne vorstellen, aus welcher man einen Strahl auf einen Punkt auf der ausgewählten Zeichnung führt. Mit diesem Lichtstrahl und Blick folgt man für eine Weile im eigenen Rhythmus der Linie in der Zeichnung, bis man spürt, dass sich das Herz geöffnet hat und die Verbindung zwischen dem Herzen und der Zeichnung entstanden ist. Alles, was man dann noch tun sollte, ist, die Kraft fließen lassen. Eine andere Möglichkeit für die Verbindung ist, die Zeichnungen zu fotokopieren und sie nach der eigenen Intuition mit Buntstiften anzumalen. Die Zeichnungen kann man sich als ein Tor vorstellen, durch welches wir in die anderen Dimensionen schauen können. Genauso bekommen auch die anderen Welten eine Möglichkeit, mit unserer Welt Kontakt aufzunehmen.

Danksagung

An erster Stelle bedanken wir uns herzlich bei unserer **Marika**, die die Entstehung dieses Buches auf allen Ebenen mitgetragen hat.

Wir möchten uns bei unseren beiden Mädchen, **Klara** und **Eva**, bedanken, die uns mit ihrer reinen Präsenz immer wieder die Hoffnung für die Neue Welt erschließen.

Herzlichen DANK geht an unseren lieben Freund **Rupert Schmied**, der dieses Buch und so viele andere unsere Projekte mit bedingungslosen Vertrauen unterstützt.

Ein besonderer Dank geht an **Samir Osmanagić**, der die bosnischen Pyramiden entdeckt hat und sie mit ganzer Herzenskraft in der Welt bekannt macht. Es ist so wohltuend, dass er unsere Arbeit versteht und unterstützt.

Unser herzlicher Dank geht an lieben Freund **Jörg Fricke**, der als erster an Anas Text gearbeitet hat, um ihn flüssiger zu machen.

Wir bedanken uns herzlich bei **Farah Lenser**, die unsere Texte mit viel Gefühl lektoriert und bearbeitet hat.

Ein großes Dankeschön geht an **Zita Weckenmann**, die diesem Buch so einen schönen Ausdruck verliehen hat.

Praktische Hinweise

Da es sich um wenig bekannte ätherische Öle handelt, die in guter Qualität schwer erhältlich sind, haben wir uns Mühe gegeben, sie im Zusammenhang mit diesem Buch verfügbar zu machen.
Hier die Emailadresse zum Bestellen:
ana.pogacnik@freenet.de

Mehr Informationen, Material und Bilder über die bosnischen Pyramiden unter der offiziellen Internetseite:
www.piramidasunca.ba

Über die Autoren

Ana Pogačnik, Seminarleiterin, Autorin, Mutter von zwei kleinen Mädchen, 1973 in Slowenien geboren.

Erst habe ich mein Leben dem Klavier gewidmet, danach Archäologie studiert.
Seit 1989 empfange ich Botschaften aus unterschiedlichen geistigen Quellen. Seit 1999 gebe ich mein dadurch erlerntes Wissen über die unsichtbaren Dimensionen der Landschaft und ihrer Spiegelung in uns Menschen, in meinen Seminaren weiter. Als ich im Ausland lebte, habe ich als Rahmen dafür die „Schule »Wieder sehen«" gegründet, die sich, da ich jetzt in Slowenien lebe, in „Modra Zemlja" (übers. Weise/Blaue Erde) gewandelt hat.

Bücher: Das Licht des Herzens; Das Herz so weit; Die Erde liebt uns
Mehr unter: www.ana-pogacnik.com

Marko Pogačnik, UNESCO Künstler für den Frieden, Seminarleiter, Autor, Bildhauer 1944 in Slowenien geboren und lebt in Šempas.

In den 1960er Jahren wirkte ich als Konzeptkünstler im Rahmen der Gruppe OHO. Danach entwickelte ich die „Lithopunktur", eine Methode der ökologischen Heilung sowie die Kunst der Kosmogramme. Ich widme mich der gegenwärtigen Erdwandlung, der Entwicklung der „Gaia Touch" Übungen und der Begründung der planetaren Geokultur. In diesem Zusammenhang gebe ich Seminare und entwickele unterschiedliche Projekte in der ganzen Welt.

Bücher u.a.: Elementarwesen; Liebeserklärung an die Erde; Das geheime Leben der Erde; Quantensprung der Erde; Synchrone Welten; Sprache der Kosmogramme; Universum des menschlichen Körpers
Mehr unter: www.markopogacnik.com

Thomas von Rottenburg, Heilpraktiker, Seminarleiter und Autor, 1964 in Berlin geboren, aufgewachsen weitgehend im Ausland.

Parallel zu meiner Praxisarbeit erwuchs eine umfangreiche internationale Forschungs- und Seminartätigkeit, in der ich laufend neue ätherische Öle erforsche. Über die letzten zwanzig Jahre entstand auf diese Weise ein reicher Heilmittelschatz von ätherischen Ölen. Die Erkenntnis, dass ätherische Öle lebendige Wesen sind, mit denen wir kommunizieren können, veränderte meine Arbeit mit den Ölen grundlegend. Neben den ätherischen Ölen ist die Behandlung mit den Tierkreiskräften die andere und immer wichtigere Säule meiner Praxis und Seminartätigkeit. Nach über 20 Jahren in Berlin lebe ich nun mit meiner Frau uhnd unseren beiden Töchtern in Šempas, Slowenien.

2015 veröffentlichte ich mein Buch Heilkunde der Ätherischen Öle.
Mehr unter: www.thomas-von-rottenburg.de

Buchempfehlungen:

Ana Pogačnik
Ins Wunder des Neuen
Die Botschaft der größten Steinkugel der Welt

Sanft, aber deutlich führt uns dieses Buch an den Fallen der alten Welt vorbei – zu dem Keimen des Neuen.

Verlag: Modra Zemlja, Ana Pogačnik s.p., 2019
Preis: 17 Euro

Bestellbar unter: www.inswunderdesneuen.de

Thomas von Rottenburg
Heilkunde der Ätherischen Öle

Mit diesem Buch halten wir eine umfassende praktische Hausapotheke in den Händen, in der die Wirkung der Öle durch deren innewohnende Lebensprinzipien verständlich werden.

Verlag: Neue Erde GmbH, 2015
ISBN: 978-3-89060-659-0

Preis: 19,90 Euro

Erhältlich direkt über den Verlag, im Buchhandel und unter: www.heilkunde-der-aetherischen-oele.de

Marko Pogačnik
Wandlungstanz der Erde
Ein Führer durch die Herausforderungen der jetzigen Zeit mit vielen Übungen und Zeichnungen

Verlag: Neue Erde GmbH, 2019
ISBN: 978-3-89060-762-7

Preis: 18 Euro

Erhältlich direkt über den Verlag und im Buchhandel